다양한 AI툴 소개부터 31개 예제의 실전프로젝트

OpenAI

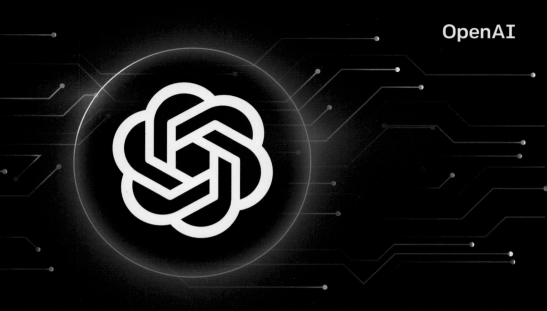

ChatGPT

챗GPT & AI
31가지 실전 활용

[교육·문서·취업·창직·생활·글쓰기·
미술·음악 & **인공지능과 협업하기**]

앤써북
ANSWERBOOK

챗GPT&AI
31가지 실전 활용

교육·문서·취업·창직·생활·글쓰기·미술·음악 & **인공지능과 협업하기**

초판 1쇄 발행 | 2023년 04월 30일
초판 2쇄 발행 | 2023년 09월 20일

지은이 | 권지선, 박지해, 서산화, 한지아 공저
펴낸이 | 김병성
펴낸곳 | 앤써북

출판사 등록번호 | 제 382-2012-0007 호
주소 | 파주시 탄현면 방촌로 548
전화 | 070-8877-4177
FAX | 031-942-9852
도서문의 | 앤써북 http://answerbook.co.kr
ISBN | 979-11-93059-00-5 13000

Preface
머리말

ChatGPT는 대량의 텍스트 데이터를 학습하여 자연어 처리와 생성에 사용되는 인공지능입니다. 어떤 텍스트가 주어졌을 때, 다음 텍스트를 예측하며 글을 만드는 것이 가능합니다. ChatGPT에게 좋은 질문을 던져서 고도의 답변을 뽑아내기 위해서는 무엇을 원하는지 명확하게 알고 있어야 하며, 창의적이고 상상력 있는 접근 방식이 필요합니다.

학생들에게는 말과 글 외에도 이미지, 영상, 음악 등 다양한 인공지능 툴을 활용하여 자신의 생각을 풍부하게 표현할 수 있는 능력을 키워주는 것이 중요합니다. 각 전문가들은 인공지능을 활용하여 불필요하고 비효율적이던 과정을 축소시키고, 더욱 혁신적이고 창의적인 결과물을 만드는데 힘써야 합니다.

인공지능 기술의 발전으로 우리는 더욱 편리한 삶을 살아가고 있지만, 이에 대한 우려와 걱정도 함께 늘어나고 있습니다. 이러한 상황에서 인공지능 리터러시 교육이 중요하다는 것은 분명합니다. 우리는 인공지능 리터러시 교육을 통해 생활 속에서 스스로 문제를 발견하고 자신의 아이디어를 실현할 방법을 ChatGPT뿐만 아니라 다양한 인공지능 툴을 활용하여 해결해 보면서 새로운 변화의 가능성을 창출할 수 있어야 합니다.

권지선

인공지능과 빅데이터 기술이 발전하면서, 우리의 삶과 일상은 하루가 다르게 예측할 수 없는 변화를 맞이하고 있습니다. 이에 따라 미래 직업들은 기존의 직업들과는 전혀 다른 모습으로 진화하고 있으며, 우리는 끊임없이 새로운 기술과 도구를 습득해야 하는 어려움에 직면해 있습니다. 전 세대를 아울러 변화와 도전의 연속인 격변의 시대를 보내고 있다고 해도 과언이 아닐 것입니다.

이 책은 인공지능과 ChatGPT 기술을 활용하여 실전에 활용할 수 있는 다양한 예제를 제공합니다. 이를 통해 새로운 기술과 도구에 대한 이해를 높이며, 시간을 효율적으로 활용하고, 미래 직업을 위한 준비를 강화할 수 있습니다.

이 책을 발판삼아 끊임없이 발전하는 기술과 산업의 흐름을 파악하고, 변화에 앞장서 미래를 향해 나아가는 진취적인 세대로 기억되기를 바랍니다.

박지해

Preface
머리말

이 책을 쓰게 된 계기는 제 이력과 경험을 토대로, 새로운 기술과 교육 방법을 많은 분들과 공유하고 싶은 열망에서 시작되었습니다. 책을 집필하면서 실생활에서 쉽게 적용할 수 있는 예제를 연구하고, 대학생들과 사회 초년생들도 부담 없이 읽고 이해할 수 있는 내용을 만들기 위해 노력했습니다. 또한, 이론적인 지식뿐만 아니라 실무에서 적용할 수 있는 기술과 노하우를 함께 제공하여 독자 분들이 더욱 실용적으로 학습할 수 있도록 구성했습니다.

이 책이 독자 분들의 업무와 학습에 큰 도움이 되기를 바라며, ChatGPT를 비롯한 다양한 분야에서의 활용이 더욱 확대되어, 우리의 노력이 더 큰 가치가 되길 희망합니다.

서산화

집필하는 동안 ChatGPT를 비롯한 수많은 생성형 AI 프로그램들과 마주하며, 한계가 보이지 않는 가능성에 놀라움을 금치 못했습니다. 인간만이 가능하리라 여겼던 창작의 영역에서까지 뛰어난 성능을 보이는 생성형 AI를 마주하면서 우리가 지향해야 할 점에 대한 고민이 깊어졌습니다. AI의 등장으로 인해 많은 사람들이 불안감을 느끼고 있지만, 저는 자동차의 등장과 비교하여 생각합니다. 우리가 자동차를 이기기 위해서 달리기를 연습하지 않듯이, 자동차를 활용하며 무수히 많은 세계와 가능성이 열렸던 것처럼 생성형 AI기술 활용하여 불필요하고 비효율적이던 과정을 축소시키고, 무한한 가능성을 향해 나아가야 될 때라고 생각합니다.

입문자들에게 어렵지 않게 최대한 다양한 활용 예시를 보여드리고자 노력했습니다. 이 책이 누구도 겪어보지 못한 미래를 함께 걸어가는 동료, 자녀, 그리고 선배들에게 디딤돌이 되길 바랍니다.

한지아

ChatGPT는 자료의 정리부터 창작의 영역까지 전 분야에 걸쳐 활용이 가능합니다. 이 책은 ChatGPT를 처음 접하는 독자부터 업무에 활용하고 싶은 숙련자들까지 모두에게 도움이 될 것입니다. 이 책의 예시를 따라 하다 보면 어느덧 ChatGPT와 친숙해지고 많은 영감과 AI의 신세계를 경험하실 수 있을 것입니다.

NHN Payco CPO. 최병호(공학박사)

AI literacy 교육에 대한 가장 실용적인 대답
학생들의 눈높이에 맞춘 프로젝트를 통해 자기 주도적으로 AI 활용법을 익혀나갈 수 있도록 도와주는 친절한 입문서가 나온 것을 학부모의 한 명으로 감사히 생각합니다. 아이가 AI를 즐기며 배울 수 있기를 바라며 기쁜 마음으로 선물하고 싶은 책입니다.

크레버스 Marketing DIV. 본부장. 송상헌

ChatGPT는 예술과 창작 분야를 넘나드는 존재로서, 이 책의 다양한 예제 접근은 새로운 시도와 상상을 실현해주는 매개체로 작용합니다. 예술 분야의 미래를 위협하는 것이 아닌 불가능을 가능하게 만들어주는 존재로 받아들일 준비를 하며 창작의 영역에 있는 모든 이에게 이 책을 권장합니다.

(주)팀에이원 대표 촬영감독. 이윤호

이 책은 똑같은 검색 도구와 일률적인 방법으로 수행되는 일상적인 업무 방식에서 벗어나, 새롭고 매우 트렌디한 업무 방식으로 회사 내외에서 본인의 역량과 입지를 단번에 제고시킬 수 있는 절호의 기회를 제공합니다. 글로벌 유수 기업들이 발 빠르게 현업에 적용하는 ChatGPT의 세계에 입문하고자 하는 모든 분들께 이 책을 추천합니다.

LG화학 상품기획팀 팀장. 남건우

이 책은 단순히 정보수집을 넘어 또 다른 아이디어 창출을 제공하는 하나의 길이 될 것입니다. 또한 이 책을 통해 많은 사람들이 새로운 지식과 영감을 얻는 발판이 될 것으로 확신합니다. 이런 소중한 책을 만날 수 있다는 게 축복이고, 저자님께 감사드립니다.

디에리스 대표 패션디자이너. 배경민

책 한 권으로 ChatGPT에 대한 기본적인 이해와 활용법을 배울 수 있다는 점이 매력적인 책입니다. 고등학생으로서, 다양한 분야에서 이 기술을 활용할 수 있다니 매우 흥미롭고 이 책의 내용을 참고하며 인공지능 기술을 다양한 상황에 응용할 수 있을 거 같아서 기대됩니다.

청심국제고등학교. 정경린

Contents

목차

PART 4 업무 활용 분야

Contents
목차

Contents
목차

PART **01**

인공지능 리터러시

01 ChatGPT 살펴보기

01 _ 인공지능 리터러시

인공지능 리터러시는 AI의 전반적인 시스템을 이해하고 이를 활용할 수 있는 역량을 뜻합니다. 인공지능은 우리의 삶과 사회에 많은 영향을 미치고 있으므로 인공지능의 원리와 작동 방식을 이해하고 비판적으로 평가할 수 있는 능력이 필요합니다. 인공지능은 다양한 분야에서 활용되고 있으며, 이 책에서는 각 분야에서 사용할 수 있는 활용 예시를 소개합니다.

- **글쓰기, 문서 활용 분야:** 자동 번역 및 요약, 자동문서 생성 등의 기능을 활용하여 문서 작성 및 번역 작업을 효율적으로 처리할 수 있습니다.

- **미술&영상, 음악 분야:** 이미지, 음성, 비디오 생성 및 수정, 자동 이미지 캡션 생성, 음악 생성 등의 기능을 활용하여 창작 작업을 보다 효율적으로 수행할 수 있습니다.

- **생활 활용 분야:** 개인 맞춤 시간표, 개인 블로그 활동, 홍보 목적 포스터 등을 자동으로 생성하여 일상생활을 보다 효율적으로 수행할 수 있습니다.

- **업무활용, 취업&창직 분야:** 브랜딩, 프로모션 등 업무 효율성을 높일 수 있으며, 이를 기반으로 새로운 비즈니스 아이디어를 발굴할 수도 있습니다.

- **교육활용 분야:** AI 개인 맞춤 교육, AI 콘텐츠 제작, AI 개별 학습 추천 등의 기능을 활용하여 학습 효율을 높일 수 있으며, 학습자들의 특성에 맞는 맞춤형 교육 방법을 제공할 수 있습니다.

인공지능 리터러시는 다양한 분야에서 활용이 가능하며, 이를 복합적으로 활용하여 효율적인 활동을 수행할 수 있습니다.

01_1 ChatGPT 소개

ChatGPT는 OpenAI에서 개발한 대화형 인공지능 모델 중 하나로, GPT(Generative Pretrained Transformer) 모델 기반으로 학습됩니다. ChatGPT는 대화 데이터를 학습하여 자연어 대화를 이해하고 생성할 수 있는 능력을 갖추고 있어 질문을 입력하면 적절한 답변을 제공하는 인공지능 AI입니다. ChatGPT를 이용하여 문서 생성, 번역, 요약 등 다양한 자연어 처리 작업을 수행할 수 있습니다. 최근에는 챗봇 기술뿐 아니라 다양한 분야에서 활용되고 있으며, 빠르게 발전하고 있는 대화형 인공지능 기술 중 하나입니다.

01_2 ChatGPT 가입하기

❶ OpenAI 사이트에 접속합니다.

https://openai.com/blog/chatgpt

❷ [Try ChatGPT] 버튼을 클릭합니다.

❸ Sign up 버튼을 클릭합니다.

❹ 구글이나 마이크로소프트 계정으로 회원가입을 합니다. 휴대폰 번호를 입력하여 본인 인증을 합니다.

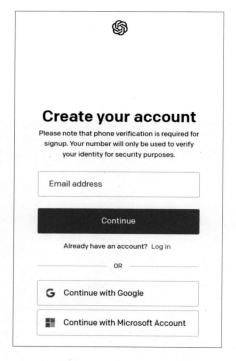

01_3 ChatGPT 튜토리얼

사용자는 채팅 인터페이스를 통해 질문을 입력하면, ChatGPT가 이를 분석하여 적절한 답변을 생성해줍니다. ChatGPT는 대화의 맥락을 이해하기 때문에 이전 질문 내용이나 대화까지 기억해서 대답을 활용합니다.

- ■ +New chat : 대화별로 대화기록을 구분합니다.
- ■ Clear conversations : 대화창을 삭제합니다.
- ■ Dark mode : 화면을 다크모드로 전환합니다.
- ■ My account : ChatGPT의 계정을 확인합니다.
- ■ Updates & FAQ : ChatGPT의 업데이트 유무나 문의사항을 올려놓습니다.
- ■ Log out : 현재 사용 중인 계정을 오프라인 모드로 변경합니다.
- ■ 질문 내용 입력 : 질문입력창 – 궁금한 내용을 질문입력창에 입력합니다.

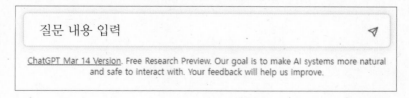

PART 02

교육 활용 분야

ChatGPT로 파이썬 코드짜기
ChatGPT로 데이터 크롤링하기
ChatGPT로 틴커케드 아두이노 공부하기
ChatGPT로 메타버스 미술전시회 하기

01 ChatGPT로 파이썬 코드짜기

핵심 키워드	#ChatGPT #Python #코랩(colab)	레벨 ★★★☆☆
실습 목표	• ChatGPT로 데이터를 편집하는 파이썬 코드를 작성할 수 있다. • 코랩(colab) 사이트에서 작성된 코드를 실행하고, 시각화 자료를 생성할 수 있다.	완성 프로그램 QR코드 https://url.kr/fe1arm

시작하며

파이썬(Python)은 인기 있는 프로그래밍 언어 중 하나이며, 데이터 분석 분야에서 많이 사용됩니다. 파이썬은 코드가 간결하고 읽기 쉬우며, 데이터 분석에 필요한 라이브러리와 툴들이 잘 구성되어 있어 사용이 편리합니다.

컴퓨터 언어를 전혀 모르는 사람도 ChatGPT를 통해 원하는 내용을 코드로 작성할 수 있습니다. 또한 별도의 프로그램 설치 없이 바로 파이썬을 실행할 수 있는 코랩(colab) 구글 사이트를 활용하여 파이썬 코딩을 시작해보겠습니다.

생각정리하기

❶ 데이터 찾기	ChatGPT에서 찾고 싶은 데이터를 표 형식으로 출처와 함께 자료를 요청합니다.
❷ 코드작성하기	ChatGPT에서 파이썬코드로 작성요청을 하면 코드 설명과 함께 파이썬 코드를 출력합니다.
❸ 코랩에서 실행하기	코랩은 웹상에서 파이썬코드를 실행할 수 있는 툴로, 접속하여 코드를 붙여넣고 실행하여 결과를 확인할 수 있습니다. 자연어로 요청한 코드이기 때문에 한번에 완벽한 코드를 작성하기는 어렵습니다. ChatGPT에 오류 코드를 확인해서 수정할 것을 요청하며 코드를 다듬는 과정을 거칩니다.

실습해보기 _ 예제 1

시각화해보고 싶은 자료를 ChatGPT를 통해 찾아봅시다. 주의할 점은 ChatGPT는 무조건 대답을 하려는 특징 때문에 없는 자료도 만들어서 알려주는 경우가 간혹 있어 신뢰할 수 없는 자료를 알려 줄 수도 있습니다. 데이터를 요청할 때 출처를 함께 표기해 줄 것, 그리고 그 출처에 가서 해당 내용이 있는지를 한 번 더 체크하는 것이 좋습니다.

최근 한국의 출산율이 극도로 낮아지고 있다는 뉴스가 매우 자주 들려옵니다. 출산율과 관련한 데이터를 찾아 선진국들과 비교하는 데이터 시각화 작업을 해보겠습니다.

> ❝ Python의 matplotlib 라이브러리를 사용하여 표를 선 그래프로 시각화할 때 항목의 값에 한글이 들어간 경우 글꼴 설치 에러가 나올 수 있으므로 항목을 영문으로 바꾸어서 입력하세요.

 한국을 비롯한 선진국 5개국의 2000년부터 2020년까지의 출생률 추이를 표로 나타내고, 데이터의 출처도 찾아주세요.

 예, 여기 한국을 포함한 5개 선진국의 2000년부터 2020년까지의 출생률 추이를 보여주는 표가 있습니다.

Country	2000	2005	2010	2015	2020	Source
Korea	1.27	1.08	1.21	1.24	0.84	World Bank
Japan	1.39	1.29	1.39	1.46	1.36	World Bank
Germany	1.35	1.37	1.38	1.50	1.54	World Bank
USA	2.13	2.06	1.93	1.86	1.64	World Bank
UK	1.63	1.78	1.94	1.81	1.58	World Bank

Source: World Bank(https://data.worldbank.org/indicator/SP.DYN.TFRT.IN)

사이트에 방문하여 자료의 출처를 검증해 보았습니다. 국가별 출산율 데이터와 관련된 사이트임을 확인할 수 있었고, 믿을 만한 자료로 사용할 수 있음을 확인하였습니다.

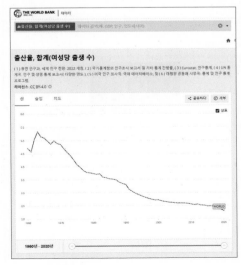

Python에서 위의 표를 선 그래프로 시각화하는 코드를 생성하세요.

 다음은 Python의 Pandas 및 Matplotlib 라이브러리를 사용하여 위의 표를 기반으로 선 그래프를 만드는 샘플 코드입니다.

```
가져오기 판다 as pd
plt로 가져오기 matplotlib.pyplot

# 위 데이블에서 데이터 프레임 생성
data = { 국가: ['대한민국', '일본', '폭일', '미국', '영국'],
    '2000': [ 27, 1.39, 1.35, 2.13, 1.63],
    '2005': [ 1.08, 1.29, 1.37, 2.06, 1.78],
    '2010': [ 1.21, 1.39, 1.38, 1.93, 1.94],
    '2015': [ 1.24, 1.46, 1.50, 1.86, 1.81],
    '2020': [ 0.84, 1.36, 1.54, 1.64, 1.58]}
df = pd.DataFrame(데이터)

# 국가 설정 백인으로 설정
df = df.set_index( 국가 )

# 선 그래프 만들기
df.plot(종류='선', figsize=(10,5))

# 제목 및 축 레이블 설정
plt.title( 대한국 출생률 추이 )
plt.xlabel( 연도 )
plt.ylabel( 출산율 )

# 그래프 보기
plt.show()
```

이 코드는 y축에 출생률, x축에 연도를 나타내는 선 그래프를 생성해야 합니다. 다른 색상의 선입니다.

실습해보기 _ 예제 2

이제 출력된 코드를 복사하여 파이썬에서 결과 값이 나오는지 확인하기 위해 코랩(colab)사이트에 접속합니다.

따라하기
1 colab.research.google.com 사이트에 접속합니다.   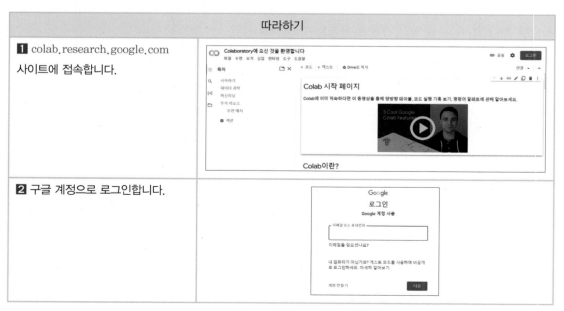
2 구글 계정으로 로그인합니다.

3 [파일]–[새노트]를 클릭합니다.

4 재생 버튼이 보이는 첫 번째 줄이 코드를 입력하는 칸입니다.
ChatGPT에서 복사한 코드를 붙여 넣고 왼쪽의 [재생버튼]을 클릭해서 코드가 실행되는지 확인해봅시다.

5 ChatGPT에서 요청한 코드대로 시각화된 선 그래프 이미지를 생성한 것이 확인됩니다.
이미지는 마우스 우클릭으로 저장이 가능합니다.

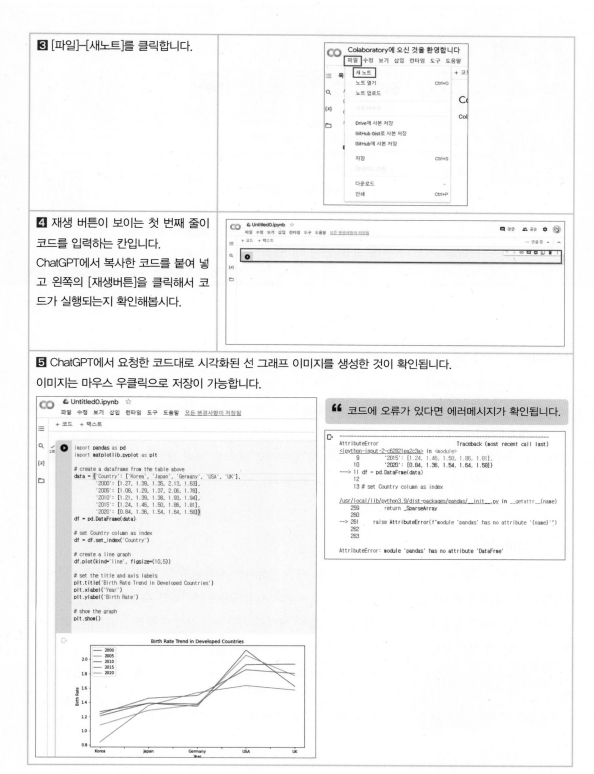

💬 코드에 오류가 있다면 에러메시지가 확인됩니다.

데이터를 수집하고, 시각화하는 것은 데이터를 더 쉽게 이해하고 분석할 수 있도록 도와주는 중요한 작업입니다. 시각화를 통해 복잡한 데이터를 쉽게 이해할 수 있으며, 추세와 패턴을 파악할 수 있습니다.

02 ChatGPT로 데이터 크롤링하기

핵심 키워드	#ChatGPT #크롤링 #리스틀리 #Python #코랩(colab)	레벨 ★★★☆☆

실습 목표	• 웹크롤링과 웹스크래핑의 차이를 이해하고, 리스틀리(Listly) 크롤링 프로그램을 활용하여 데이터를 수집할 수 있다. • 리스틀리(Listly) 크롤링 프로그램을 사용하여 데이터 수집을 실습해본다. • ChatGPT로 데이터를 크롤링하는 파이썬 코드를 만들 수 있다.	완성 프로그램 QR코드 https://url.kr/iv4f2b

시작하며

웹은 우리가 매일 이용하는 정보 공간으로, 거대한 데이터 소스입니다. 이 데이터를 수집하는 웹 크롤링과 웹 스크래핑 기술은 우리가 이해하고 활용할 수 있는 형태로 가공할 수 있습니다. 이를 통해 데이터 분석, 비즈니스 인텔리전스, 마케팅 등 다양한 분야에서 가치 있는 인사이트를 얻을 수 있습니다. 웹 데이터의 수집과 분석은 현대 사회에서 필수적인 요소로 자리 잡았으며, 개인과 기업은 이를 활용하는 능력을 갖춰야 경쟁력을 강화할 수 있습니다.

생각정리하기

웹크롤링과 웹스크래핑은 서로 유사한 개념으로 자주 혼용되어 사용되지만, 엄연히 다른 작업입니다. 웹크롤링은 웹 상에 존재하는 다양한 페이지들을 자동으로 탐색하여 데이터를 수집하는 기술에 중점을 둔 반면 웹스크래핑은 수집된 데이터를 분석 가능한 형태로 가공하는 작업에 중점을 둡니다. 웹크롤링과 웹스크래핑은 상호 보완적인 관계에 있으며, 함께 사용되어 다양한 목적으로 활용됩니다.

❶ 리스틀리 웹크롤링하기	리스틀리 크롬확장프로그램으로 손쉽게 웹페이지의 자료를 크롤링할 수 있고, 파일형태로 다운로드 받을 수 있습니다.
❷ 크롤링 파이썬 코드 만들기	ChatGPT는 이용하여 웹크롤링 파이썬 코드를 작성할 수 있습니다.

실습해보기 _ 예제 1

일상생활에서 물건을 하나 사더라도 여러 사이트를 접속하여 가격정보를 찾아 비교하는 과정을 거칩니다. 이 과정에서 가격과 상품정보를 검색하며 수집하기 때문에 가격비교 웹 검색도 웹크롤링의 일환으로 볼 수 있습니다.

리스틀리(listly) 크롬확장프로그램을 통해 내가 접속한 화면의 자료를 빠르게 크롤링하여 데이터를 수집해보도록 합시다.

따라하기	
1 크롬 웹스토어–리스틀리를 검색하여 [크롬에 추가]합니다.	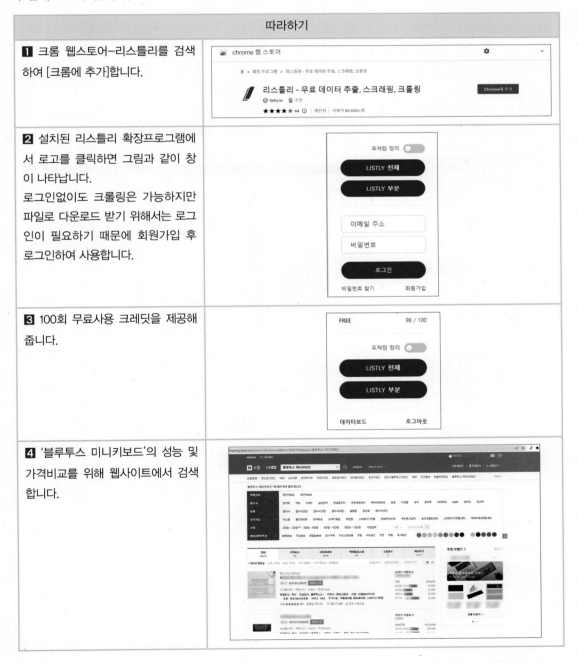
2 설치된 리스틀리 확장프로그램에서 로고를 클릭하면 그림과 같이 창이 나타납니다. 로그인없이도 크롤링은 가능하지만 파일로 다운로드 받기 위해서는 로그인이 필요하기 때문에 회원가입 후 로그인하여 사용합니다.	
3 100회 무료사용 크레딧을 제공해줍니다.	
4 '블루투스 미니키보드'의 성능 및 가격비교를 위해 웹사이트에서 검색합니다.	

5 리스틀리를 클릭하여 [표처럼 정리] 활성화하고, [LISTLY 전체] 버튼을 클릭해주세요.

6 스크롤하여 내려보면 접속한 페이지에 있던 자료들이 모두 항목별로 크롤링 된 것을 확인할 수 있습니다.

크롤링 된 자료는 엑셀이나 구글시트로 다운로드 받을 수 있습니다.

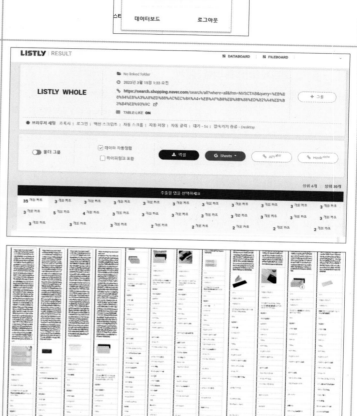

7 다운로드 받은 파일을 확인하여 데이터를 정제해 보세요.

실습해보기 _ 예제 2

ChatGPT를 활용하면 웹크롤링 파이썬 코드 작성도 매우 간단하게 만들 수 있습니다.
정확한 웹크롤링을 위해 수집할 정보가 있는 웹사이트로 이동한 후 웹주소를 가져와서 코드 작성을 해보겠습니다.

따라하기

1 네이버 뉴스에서 'BTS'를 검색하고, 웹 주소를 복사합니다.

https://search.naver.com/search.naver?where=news&sm=tab_jum&query=bts
기사제목만 크롤링하는 파이썬 코드를 짜줘

 네이버 뉴스 페이지에서 기사 제목만 크롤링하는 파이썬 코드를 작성해드리겠습니다.

해당 코드에서는 requests 라이브러리로 네이버 뉴스 검색 페이지에 접속하고, BeautifulSoup 라이브러리를 사용하여 HTML 코드를 파싱합니다. 그리고 CSS selector를 사용하여 기사 제목이 있는 HTML element를 선택한 후, for문으로 제목들을 출력합니다.

출력 결과는 다음과 같을 것입니다.

이제 작성된 코드를 복사하여 코랩(colab)에서 제대로 실행이 되는지 확인해봅시다.

따라하기

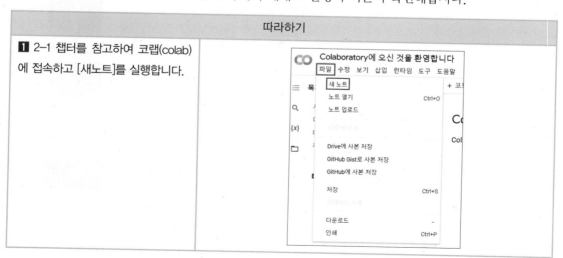

1 2-1 챕터를 참고하여 코랩(colab)에 접속하고 [새노트]를 실행합니다.

2 파이썬코드를 붙여넣고, 실행하여 결과를 확인합니다.

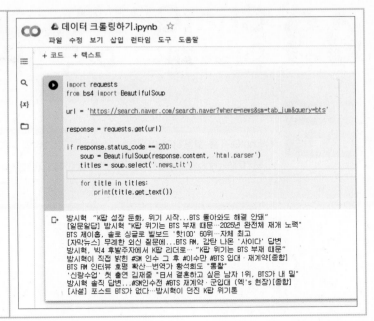

이렇게 웹크롤링하여 수집한 기사 제목들로 다양한 분석을 해볼 수 있습니다. 예를 들어, 수집한 기사 제목에서 특정 키워드가 언급되는 빈도수를 파악하여 해당 키워드에 대한 관심도나 트렌드를 파악할 수 있습니다. 또는 수집한 기사 제목에서 자주 언급되는 단어들을 분석하여 특정 이슈에 대한 뉴스가 얼마나 지속적으로 발행되는지 등을 파악할 수도 있습니다.

03 ChatGPT로 틴커캐드 아두이노 공부하기

핵심 키워드 #ChatGPT #틴커캐드 #아두이노 #회로   레벨 ★★☆☆☆

실습 목표
• ChatGPT를 활용하여 아두이노 스케치 프로그램의 코드를 작성할 수 있다.
• 틴커캐드(Tinkercad)에서 코드의 원리를 이해하고, 센서와 액추에이터를 작동시킬 수 있다.

시작하며

틴커캐드(Tinkercad) 는 회로 설계 및 시뮬레이션 소프트웨어로, 다양한 회로 디자인 작업을 수행할 수 있습니다. 틴커캐드는 다양한 마이크로컨트롤러, 센서, 액추에이터 등을 지원하며, 이들을 제어하기 위한 코드를 블록방식, 텍스트방식으로 입력할 수 있습니다. 예를 들어, 아두이노(Arduino)와 같은 마이크로컨트롤러를 사용하는 경우, "아두이노 IDE"나 "C/C++"과 같은 언어를 사용하여 코드를 작성하고, 회로를 시뮬레이션 할 수 있습니다. 뿐만 아니라 틴커캐드에서 바로 아두이노(Arduino)에 프로그램을 업로드하여 작동시킬 수 있는 장점이 있습니다. ChatGPT를 활용하면 텍스트방식으로 코드를 만들고, 문법에 대한 설명을 확인하면서 문제를 해결할 수 있습니다

생각정리하기

틴커캐드를 사용하여 다양한 아두이노 회로를 만들어 시뮬레이션 해볼 수 있습니다

예를 들면, LED를 제어하는 회로, 서보 모터를 이용한 로봇 팔 제어 회로, 온도 및 습도 측정 회로, 초음파 센서를 이용한 거리 측정 회로 등이 있습니다. 틴커캐드에서 회로를 설계하고 부품과 전선을 연결하여 아두이노 보드와 부품들이 상호작용할 수 있다는 것을 이해할 수 있습니다. ChatGPT 활용하여 각자의 작품을 구상하고, 프로그래밍하면서 경험과 스킬을 쌓아봅시다. 틴커캐드에서 아두이노 시뮬레이션을 하기 위해서는 다음과 같은 준비과정이 필요합니다.

따라하기

1 www.tinkercad.com/circuits 사이트에 접속합니다.

2 회원가입 후 로그인합니다. 구글 계정을 사용하면 편리 합니다.

3 [+새로 만들기]에서 회로를 선택 하여 파일을 생성 합니다.

4 우측 구성요소에서 Arduino Uno R3 를 선택하고 Drag and Drop으로 회색 작업대에 옮겨 둡니다.

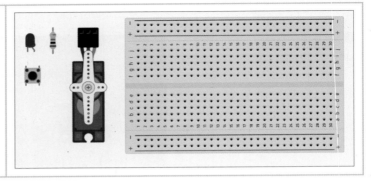

5 실습에 필요한 재료들 옮겨둡니다. 순서대로 LED, 저항, 누름버튼, 마이크로 서보, 작은 브래드보드입니다.

> **" 브래드보드란?**
>
> 브래드보드는 플라스틱으로 된 틀 아래에 전류가 흐를 수 있는 보드입니다.
> 라인이 배치된 형태로 납땜이 필요 없는 형태의 기판으로 주로 교육용이나 간단한 전자회로 실험용 등으로 쓰입니다.

실습해보기 _ 예제 1

LED를 제어하는 회로를 만들어보겠습니다. LED는 디지털 10번핀에 연결해둡니다. 저항이 있는 위치와 LED의 다리모양에 맞춰 연결해야 합니다. 아두이노와 연결된 핀 숫자를 반드시 확인해야 합니다.

LED	LED 짧은다리(일자)	GND
	LED 긴다리(꺾인)	저항왼쪽

저항	오른쪽	디지털 10번 핀
	왼쪽	LED 긴다리

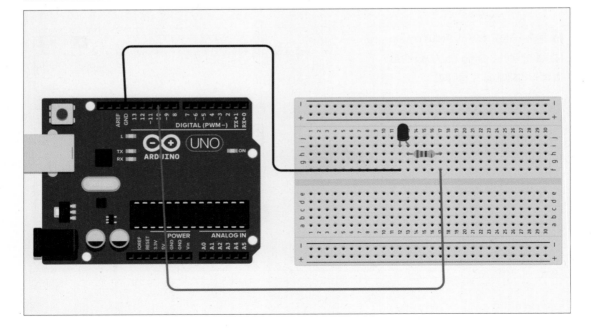

> **LED에 저항을 연결하는 이유?**
>
> LED(Light Emitting Diode)는 전류가 일정 방향으로만 흐르도록 설계된 반도체 소자로, 전류를 통과할 때 발광합니다. LED는 전압에 매우 민감하기 때문에, 적절한 전류를 통과시켜야 안전하게 작동할 수 있습니다. 이 때문에 LED와 함께 저항을 사용하여 전류를 제한합니다.

다음으로 ChatGPT 활용하여 아두이노 스케치 코드를 작성해 봅시다. 회로에 연결되어 있는 핀의 위치를 정확히 알려줘야 합니다.

 아두이노 프로그램
디지털 10번핀에 있는 LED 켜줘

ChatGPT는 코드와 함께 자세한 설명도 적어줍니다. 내용을 읽어보면서 질문을 이어갑니다.

 아두이노를 사용하여 디지털 10번핀에 연결된 LED를 켜는 프로그램은 다음과 같습니다.

```cpp
// 아두이노 LED 켜기

// 사용할 핀 번호를 상수로 선언
const int ledPin = 10;

void setup() {
  // 핀 모드 설정: OUTPUT
  pinMode(ledPin, OUTPUT);
}

void loop() {
  // LED 켜기
  digitalWrite(ledPin, HIGH);
}
```

// 아두이노 LED 켜기

// 사용할 핀 번호를 상수로 선언
const int ledPin = 10;

void setup() {
  // 핀 모드 설정: OUTPUT
  pinMode(ledPin, OUTPUT);
}

void loop() {
  // LED 켜기
  digitalWrite(ledPin, HIGH);
}

이 코드는 setup() 함수에서 10번핀을 출력으로 설정하고, loop() 함수에서 핀에 HIGH 신호를 보내 LED를 켭니다. 이 코드를 사용하면 LED가 계속 켜져 있을 것입니다.

디지털 10번핀에 있는 led를 2초마다 깜박이게 해줘

 디지털 10번핀에 연결된 LED를 2초마다 깜박이게 하려면 다음과 같은 코드를 사용할 수 있습니다.

```cpp
// 아두이노 LED 깜박이기

// 사용할 핀 번호를 상수로 선언
const int ledPin = 10;

void setup() {
  // 핀 모드 설정: OUTPUT
  pinMode(ledPin, OUTPUT);
}

void loop() {
  // LED 켜기
  digitalWrite(ledPin, HIGH);

  // 2초 대기 (2000 밀리초)
  delay(2000);

  // LED 끄기
  digitalWrite(ledPin, LOW);

  // 2초 대기 (2000 밀리초)
  delay(2000);
}
```

```cpp
// 아두이노 LED 깜박이기

// 사용할 핀 번호를 상수로 선언
const int ledPin = 10;

void setup() {
  // 핀 모드 설정: OUTPUT
  pinMode(ledPin, OUTPUT);
}

void loop() {
  // LED 켜기
  digitalWrite(ledPin, HIGH);

  // 2초 대기 (2000 밀리초)
  delay(2000);

  // LED 끄기
  digitalWrite(ledPin, LOW);

  // 2초 대기 (2000 밀리초)
  delay(2000);
}
```

이 코드는 loop() 함수에서 LED를 켜고 2초 동안 대기한 다음 LED를 끄고 다시 2초 동안 대기합니다.
이렇게 하면 LED가 2초 간격으로 깜박이게 됩니다.

이제 틴커캐드 시뮬레이션으로 아두이노가 실제 작동하는지 확인해 봅시다.

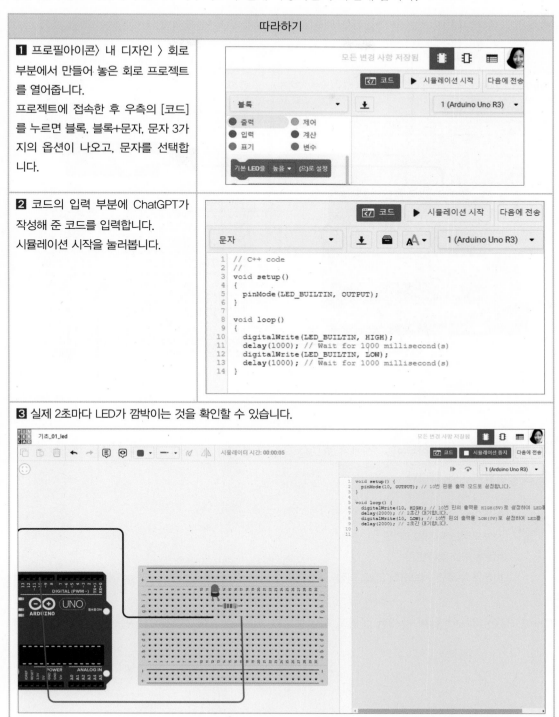

따라하기

1 프로필아이콘〉내 디자인 〉회로 부분에서 만들어 놓은 회로 프로젝트를 열어줍니다.
프로젝트에 접속한 후 우측의 [코드]를 누르면 블록, 블록+문자, 문자 3가지의 옵션이 나오고, 문자를 선택합니다.

2 코드의 입력 부분에 ChatGPT가 작성해 준 코드를 입력합니다.
시뮬레이션 시작을 눌러봅니다.

```cpp
// C++ code
//
void setup()
{
  pinMode(LED_BUILTIN, OUTPUT);
}

void loop()
{
  digitalWrite(LED_BUILTIN, HIGH);
  delay(1000); // Wait for 1000 millisecond(s)
  digitalWrite(LED_BUILTIN, LOW);
  delay(1000); // Wait for 1000 millisecond(s)
}
```

3 실제 2초마다 LED가 깜박이는 것을 확인할 수 있습니다.

```cpp
void setup() {
  pinMode(10, OUTPUT); // 10번 핀을 출력 모드로 설정합니다.
}

void loop() {
  digitalWrite(10, HIGH); // 10번 핀의 출력을 HIGH(5V)로 설정하여 LED를
  delay(2000); // 2초간 대기합니다.
  digitalWrite(10, LOW); // 10번 핀의 출력을 LOW(0V)로 설정하여 LED를
  delay(2000); // 2초간 대기합니다.
}
```

실습해보기 _ 예제 2

아래의 표를 참고하여 버튼을 이용한 모터를 작동 회로를 만들어 봅시다.

마이크로서보	갈색선	디지털 9번핀
	검정	GND
	빨강	5V

버튼	초록선	디지털 7번핀
	검정	GND
	빨강	5V

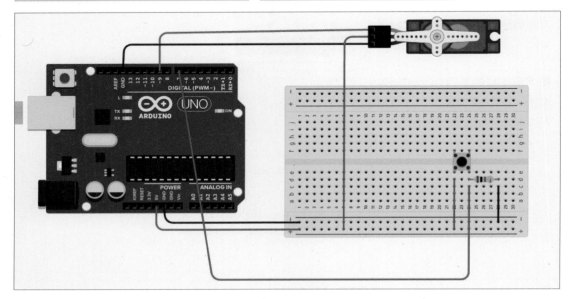

ChatGPT를 활용하여 아두이노 스케치 코드를 작성해 봅시다. 회로에 연결되어 있는 핀번호의 위치를 정확히 알려줘야 합니다.

아두이노 프로그램
서보모터는 디지털 9번핀
버튼은 디지털 7번핀
버튼을 누르면 서보모터 90도 회전

ChatGPT는 코드와 함께 자세한 설명도 적어줍니다. 내용을 읽어보면서 질문을 이어갑니다.

아두이노에서 서보모터와 버튼을 제어하는 코드는 다음과 같습니다.

```arduino
#include <Servo.h>

Servo servo;          // 서보모터 객체 생성
int servoPin = 9;     // 서보모터 신호선이 연결된 디지털 9번 핀
int buttonPin = 7;    // 버튼이 연결된 디지털 7번 핀

void setup() {
  servo.attach(servoPin);        // 서보모터 초기화
  pinMode(buttonPin, INPUT);     // 버튼 핀을 입력으로 설정
}

void loop() {
  if (digitalRead(buttonPin) == HIGH) {  // 버튼이 눌렸는지 확인
    servo.write(90);                      // 서보모터를 90도 각도로 회전
    delay(1000);                          // 1초 대기
  }
}
```

```
#include <Servo.h>

Servo servo;          // 서보모터 객체 생성
int servoPin = 9;     // 서보모터 신호선이 연결된 디지털 9번 핀
int buttonPin = 7;    // 버튼이 연결된 디지털 7번 핀

void setup() {
  servo.attach(servoPin);        // 서보모터 초기화
  pinMode(buttonPin, INPUT);     // 버튼 핀을 입력으로 설정
}

void loop() {
  if (digitalRead(buttonPin) == HIGH) {  // 버튼이 눌렸는지 확인
    servo.write(90);                      // 서보모터를 90도 각도로 회전
    delay(1000);                          // 1초대기
  }
}
```

위 프로그램을 실행하면 버튼이 눌리면 서보모터가 90도 각도로 회전합니다. 이후 1초 동안 대기하고 다시 버튼의 상태를 확인합니다. 버튼이 눌렸을 때만 서보모터가 회전하기 때문에, 버튼을 누르지 않으면 계속해서 버튼 상태를 확인하게 됩니다.

틴커캐드는 웹 기반 플랫폼이므로 어디에서나 인터넷이 연결된 컴퓨터를 통해 접근할 수 있습니다. 따라서, 별도의 하드웨어 구성없이 학습이 가능하고 실제 하드웨어를 구매할 필요가 없다는 장점이 있습니다. 위의 방식으로 실습하면서 ChatGPT와 기초부터 차근차근 프로그래밍 문법을 공부할 수 있습니다. 하드웨어의 원리도 함께 이해할 수 있기 때문에 앞으로 코딩교육에서 많이 사용될 것으로 예상합니다.

04 ChatGPT로 메타버스 미술전시회 하기

핵심 키워드	#ChatGPT #스테이블디퓨전 #스페이셜 #프롬프트지니	레벨 ★★☆☆☆

| 실습 목표 | • ChatGPT를 활용하여 미술전시회를 기획할 수 있다.
• '스테이블디퓨전' 사이트에서 프롬프트 및 이미지생
성 기능으로 AI미술작품을 만들 수 있다.
• '스페이셜' 사이트를 통해 온라인 메타버스 전시회를 개최할 수 있다. | 완성 프로그램 QR코드
https://url.kr/x3qjry
 |

시작하며

최근 AI 이미지 생성 기술이 미술창작 활동으로 이어지면서 AI가 그린 그림을 예술로 봐야하는 지에 대한 논쟁이 뜨겁게 이어지고 있습니다. 이러한 논쟁은 과거 초상화를 그리던 전통적인 화가들이 사진기의 발명으로 인해 생존의 위협을 당하며 미술사의 흐름이 바뀌었던 충돌과 비슷한 면모를 보이고 있습니다.

미술은 창작자의 창의성과 감성, 문화적 배경 등이 작품에 반영되는 예술적 창작 활동입니다. AI 이미지 생성 기술을 이용한 작품은 기계적인 알고리즘에 의해 생성되지만, 이를 만들기 위해서도 미술 도구로서의 이해와 수련이 필요합니다. 초기 단계인 AI미술은 점차 한 단계 더 성장한 예술로 발전할 수 있을 것입니다.

생각정리하기

스테이블디퓨젼은 텍스트만으로 AI이미지를 생성할 수 있는 사이트로 회원가입 없이 무료로 이용할 수 있습니다. 몇 개의 단어로 이미지 생성에 적절한 프롬프트를 만들어 주는 프롬프트 생성 기능도 사용할 수 있습니다. 이제 ChatGPT로 미술전시회를 기획하고, 생성한 미술작품들을 스페이셜(Spacial) 온라인 메타버스 플랫폼에 전시하여 사람들을 초대해 봅시다. 다음과 같은 순서로 전시회를 준비해 보도록 하겠습니다.

❶ 미술전시회 기획	ChatGPT를 활용하여 전시회를 기획하고, 작품의 컨셉을 정합니다.
❷ 미술작품 생성	ChatGPT에서 작품컨셉에 맞는 대표 단어들을 추출하고, 스테이블디퓨전 사이트에서 프롬프트를 생성하여 이미지를 제작해 봅니다. 컨셉에 맞는 작품들로 선별하는 과정이 필요합니다.
❸ 미술전시	스페이셜 사이트를 활용하여 공간을 선택하고, 작품을 전시합니다.

실습해보기 _ 예제 1

이미지 생성을 위한 프롬프트는 영어로 입력해야 하기 때문에 ChatGPT에서 바로 영어로 입력해 주고 한글로 번역해 주는 크롬 확장프로그램인 '프롬프트지니'를 추가하여 사용해 보겠습니다.

프롬프트지니를 추가하고 ChatGPT사이트에 접속하면 확장프로그램이 다음과 같이 나타납니다.

입력한 나의 내용은 즉각적으로 영어로 번역이 되어 ChatGPT에게 전달되고, 입력한 영어 원문과 한글 번역문이 동시에 출력됩니다.

 자연에서 영감을 받은 그림으로 추상적인 색채의 그림으로
상큼한 피치, 상큼한 민트, 화사한 스카이블루, 따뜻한 아이보리, 톤다운 큰 붓질로 던진 듯한 스타일로 그리고 싶습니다.

이번 전시의 주제는 따뜻한 봄날에 대한 그리움, 기다림, 설렘, 희망입니다. 밝고 따뜻하며 생동감 있는 전시를 만들고 싶습니다.
이 정보를 바탕으로 전시 계획을 작성해주세요

프롬프트지니 입력창에 위와 같은 한글 명령을 입력하면 아래 그림과 같이 영어로 즉각 번역되어 ChatGPT에 전달됩니다.

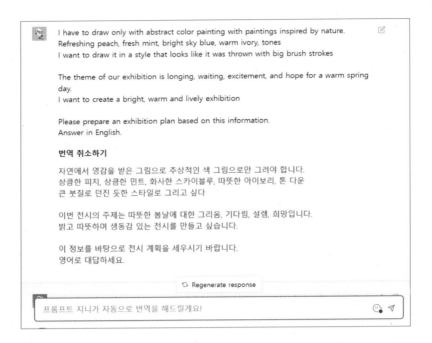

I have to draw only with abstract color painting with paintings inspired by nature.
Refreshing peach, fresh mint, bright sky blue, warm ivory, tones
I want to draw it in a style that looks like it was thrown with big brush strokes

The theme of our exhibition is longing, waiting, excitement, and hope for a warm spring day.
I want to create a bright, warm and lively exhibition

Please prepare an exhibition plan based on this information.
Answer in English.

번역 취소하기

자연에서 영감을 받은 그림으로 추상적인 색 그림으로만 그려야 합니다.
상큼한 피치, 상큼한 민트, 화사한 스카이블루, 따뜻한 아이보리, 톤 다운
큰 붓질로 던진 듯한 스타일로 그리고 싶다

이번 전시의 주제는 따뜻한 봄날에 대한 그리움, 기다림, 설렘, 희망입니다.
밝고 따뜻하며 생동감 있는 전시를 만들고 싶습니다.

이 정보를 바탕으로 전시 계획을 세우시기 바랍니다.
영어로 대답하세요.

↺ Regenerate response

프롬프트 지니가 자동으로 변역을 해드릴게요!

 제공해주신 정보를 바탕으로 따뜻한 봄날의 그리움, 기다림, 설렘, 희망을 주제로 자연에서 영감을 받은 추상색채화 전시 기획전을 아래와 같이 안내드립니다.

제목: "Spring Awakenings"

색상: 상큼한 피치, 상큼한 민트, 화사한 스카이 블루, 따뜻한 아이보리 등 자연에서 영감을 받은 밝고 따뜻한 컬러.

스타일: 큰 붓놀림과 추상적인 컬러 페인팅.

주제: 따뜻한 봄날에 대한 그리움, 기다림, 설렘, 희망.

갤러리 공간: 밝고 경쾌한 갤러리 공간

전시 레이아웃: 전시는 주제별로 배열되며, 갤러리의 각 섹션은 그리움, 기다림, 흥분, 따뜻한 봄날이 되길 바랍니다.

그리움: 차분한 톤과 시원한 블루스 등 봄에 대한 그리움을 불러일으키는 그림을 선보입니다.

기다림: 이 섹션은 봄을 기다리는 고요함과 기대감을 담은 그림을 복숭아 색과 상아색과 같은 따뜻한 색조로 표현했습니다.

(중략)

 따뜻한 봄날에 대한 그리움, 기다림, 설렘, 희망을 주제로 자연에서 영감을 얻은 추상적인 컬러 페인팅 전시회:

상큼한 복숭아의 컬러 팔레트를 이용해 추상화를 그리움이라는 주제를 전달한다.

에서 프롬프트 생성에 필요한 대표단어들만 추출해줘

작성된 기획서에 나온 작품 컨셉의 내용을 토대로 프롬프트 생성에 필요한 대표 단어들을 계속 추출해 주세요.

프롬프트 생성에 활용할 단어들	추상화, 색상 팔레트, 상큼한 복숭아, 그리움, 따뜻한 봄날, 생생한 색상, 주황색과 노란색, 흥분과 희망, 상큼한 민트, 따뜻한 아이보리, 자연에서 영감을 받은, 봄의 각성....

스테이블디퓨전 사이트로 이동하여 위 단어들을 활용하여 프롬프트를 생성해 봅시다.

따라하기

1 https://stablediffusionweb.com/ 사이트에 접속합니다.

2 ❶ [프롬프트 생성기(prompt-generator)]를 클릭

❷ [시작하기]를 클릭하여 프롬프트 생성 페이지로 이동합니다.

3 ❶ 프롬프트를 생성하기 위한 단어들을 입력하고 아래의 [Generate Prompts] 버튼을 클릭해주세요.

❷ 이미지 생성에 필요한 프롬프트 내용이 출력됩니다. 필요한 내용만 남기고 아래의 [Generate Images] 버튼을 클릭하여 이미지를 생성해주세요.

❸ 생성된 이미지가 출력되고, 원하는 이미지는 저장합니다.

※ 프롬프트에 사용되는 텍스트는 영어로 작성해주세요.

4 위의 과정을 거쳐 생성된 프롬프트와 이미지입니다.

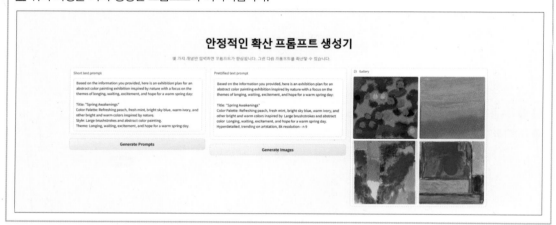

> **프롬프트 생성기(prompt-generator)란?**
>
> 프롬프트 생성기(prompt-generator)는 인공지능(AI) 작업을 수행하는 데 사용되는 도구 중 하나로, 사용자가 원하는 주제나 상황에 대한 프롬프트(암시, 유도 문구)를 생성합니다. 이러한 프롬프트는 대개 키워드, 장면의 중요한 요소로 이루어져 있으며, 사용자가 단순히 "고양이"를 입력하면 프로그램은 다양한 이미지의 배열을 표시하지만, "고양이 초상화", "귀여운", "카툰 스타일", "수채화적인", "드로잉 스타일" 등 과 같이 보다 구체적인 항목을 입력하면 훨씬 더 창작자의 의도한 스타일과 미학을 반영할 수 있습니다.

프롬프트를 수정하고 이미지 생성 과정을 계속 반복하며 전시회에 사용할 작품들을 제작합니다. ChatGPT를 통해 전시 작품들의 이름도 만들고, 작품설명도 생성해 보세요.

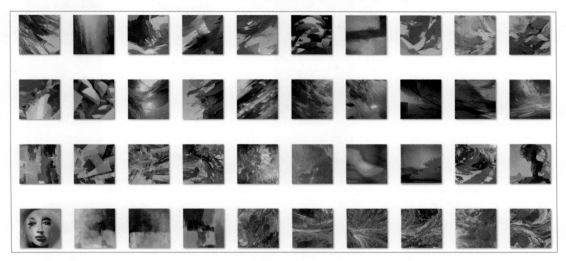

 작업한 미술유화 작품들의 이름을 심플하게 5개 만들고, 각각의 작품 설명도 적어주세요

 "Golden Hour": 일몰 직전 따뜻한 황금빛으로 물든 풍경을 그린 유화. 그림은 차분한 느낌을 전달하는 차분한 녹색과 노란색 톤으로 장면의 고요함과 평온함을 포착합니다.
"Stormy Seas": 어둡고 폭풍우가 치는 구름이 머리 위에 있는 극적인 바다 풍경을 특징으로 하는 유화. 그림은 위험과 불확실성을 불러일으키는 짙은 파란색과 녹색으로 바다의 힘과 강렬함을 포착합니다.
(중략)

실습해보기_ 예제 2

스페이셜은 3D 온라인 메타버스 플랫폼으로 공간을 작품으로 꾸밀 수 있을 뿐 아니라 사람들이 모여서 채팅 및 음성 대화도 할 수 있습니다. 스페이셜 사이트로 이동하여 작품들을 전시한 후 전시장의 링크를 공유하여 친구들을 초대해 봅시다.

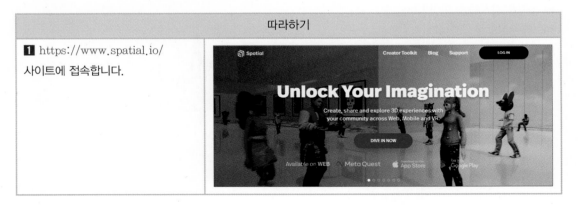

따라하기

1 https://www.spatial.io/ 사이트에 접속합니다.

2 홈 화면의 우측 상단 [로그인] 버튼을 클릭하고 계정 또는 이메일을 선택하여 가입합니다.

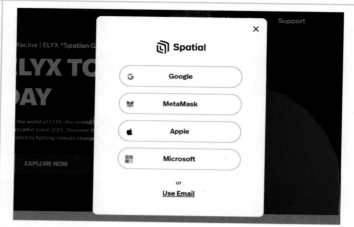

3 로그인 후 [+CREATE A SPACE] 버튼을 클릭합니다.

4 공간을 선택할 수 있는 창이 활성화되고, 내가 원하는 스타일의 템플릿을 선택하세요.

※ 가상화폐를 연결하여 유료 결제해야 하는 템플릿도 있습니다. 우선 무료 템플릿을 통해 사용방법을 익혀봅시다.

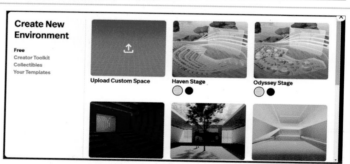

5 ❶ 마이크, 반응, 촬영기능, 화면공유, 콘텐츠 추가 버튼이 있습니다.
❷ 글자를 클릭하면 공간의 이름 및 정보를 수정할 수 있습니다.
❸ 즐겨찾기, 공유하기, 공간옵션 버튼이 있습니다.
❹ 채팅창, 사용자옵션 버튼이 있습니다.

6 프레임의 [Upload Art] 버튼을 누르면 사진, GIF, 동영상 등을 업로드할 수 있습니다. 이미 업로드한 작품을 클릭하면 콘텐츠를 변경하거나 정보를 입력할 수 있습니다.	
7 작품의 [돋보기] 모양을 클릭하면 작품의 사진과 제목, 내용이 그림과 같이 나타납니다.	
8 AI미술작품들로 전시장을 꾸미고, 친구들을 초대하여 감상해봅니다.	

메타버스의 생태계는 일방적인 소비자로 참여하는 것이 아닌 생산자 즉 판매자로서 참여가 가능합니다. 생성형 AI를 활용하면 보다 쉽고 빠르게 창작물을 만들 수 있으며, 메타버스에서 활발한 수익 활동을 할 수 있습니다. 두 분야를 아우르는 새로운 시장의 창작자로 성장해 봅시다.

PART 03

문서 활용 분야

01 ChatGPT로 프레젠테이션 쉽고 빠르게 만들기

핵심 키워드	#ChatGPT #PPT #VBA #파워포인트디자이너	레벨 ★★★☆☆

실습 목표	• PPT(파워포인트)를 자동화하여 제작하는 프로세스에 대해 이해할 수 있다. • VBA가 무엇인지 알고, ChatGPT를 통해 VBA 코드에 대한 정보를 얻으며, PPT제작에 활용할 수 있다. • PPT의 디자인아이디어 기능을 통해 템플릿 디자인 자동추천 기능을 활용할 수 있다.

시작하며

우리는 학교나 회사, 강의 등 일상적으로 많은 부분에 PPT를 사용합니다. 학생들에게는 개인 과제나 팀 프로젝트를 위한 발표부터, 선생님에게는 강의를 위한 강의 자료, 직장인에게는 제안서, 기획서, 보고서 등 다양한 형태의 PPT 결과물을 작성해야 할 경우가 많습니다. Microsoft에서 제공하는 PPT는 가장 대중적으로 쓰이는 만큼, 이미 많은 업그레이드 과정을 거쳐 쉽게 제작할 수 있는 다양한 서비스와 기능을 제공하고 있습니다. 그밖에도 Prezi, Canva, Visme, 미리캔버스 등 많은 프레젠테이션 툴이 있으며, 더욱 손쉽고 빠르게, 완성도 높은 디자인을 위한 다양한 디자인 소스를 제공합니다. 이번 장에서는 Microsoft의 PPT에 ChatGPT를 활용하여 좀 더 스마트하게 자동화 기능이 적용된 프레젠테이션을 만들어 보겠습니다.

생각정리하기

우선, PPT의 자동화 프로세스가 가능하게 하려면 VBA의 개념부터 알아야 합니다.

VBA(Virtual Basic for Applications)는 마이크로소프트 오피스 제품군에서 사용되는 프로그래밍 언어로, 비주얼 베이직을 기반으로 하고 있습니다. VBA는 마이크로소프트 워드, 엑셀, PPT, 액세스 등과 같은 오피스 제품군에서 사용되며, 이를 통해 매크로를 작성하거나, 프로그램을 자동화할 수 있습니다. VBA를 사용하여 작업을 자동화하면, 효율성과 생산성을 높일 수 있으며, 오류를 줄이고 일관성 있는 결과물을 생성할 수 있습니다. 또한, 복잡한 작업을 자동화하면, 인력과 시간을 절약할 수 있습니다. 다음은, VBA를 활용하여 PPT의 기능을 커스터마이징 할 수 있는 다양한 예시들입니다.

- 슬라이드 숨기기 또는 표시하기
- 슬라이드 추가 또는 삭제하기
- 텍스트 상자 생성하기 및 텍스트 삽입하기
- 그림 삽입하기 및 편집하기
- 슬라이드 배경 설정하기
- 슬라이드 썸네일 이미지 생성하기
- 슬라이드 순서 변경하기

이번 장에서는 VBA 기능 두 가지를 실행하기 위한 ChatGPT 활용 방법과, PPT에 적용 및 실행 방법을 알아보겠습니다.

실습해보기 _ 예제 1

'인공지능과 빅데이터의 이해'라는 주제로 퀴즈게임을 진행하는 PPT 슬라이드를 만들어보겠습니다. 우선 ChatGPT에서 관련 키워드를 요청합니다.

'인공지능과 빅데이터의 이해' 주제의 수업에서 주요 키워드 5개를 알려줘

인공지능과 빅데이터의 이해 수업에서 다루는 주요 키워드 5개는 다음과 같습니다:

인공지능 (Artificial Intelligence, AI): 컴퓨터 시스템이 인간의 지능을 모방하여 학습, 추론, 문제 해결 등의 기능을 수행하는 기술입니다.
빅데이터 (Big Data): 대량의 데이터로부터 가치를 추출하고, 데이터 분석을 통해 의사결정에 도움을 주는 정보를 얻는 과정입니다.
(중략)

이 내용으로 퀴즈 슬라이드를 만들어줘

Title: 이해하기 쉬운 인공지능과 빅데이터 퀴즈

Slide 1: 퀴즈 1 – 인공지능 (Artificial Intelligence, AI)
Q: 인간의 지능을 모방하여 학습, 추론, 문제 해결 등의 기능을 수행하는 기술은 무엇인가요?
A: 인공지능 (Artificial Intelligence, AI)

(중략)

ChatGPT에 퀴즈와 정답 내용이 슬라이드에 차례로 들어가는 VBA 코드를 요청합니다.

 이 내용을 토대로 파워포인트 슬라이드에 넣도록 VBA를 작성해줘
예 슬라이드1: 슬라이드 대 제목
슬라이드2: 퀴즈1
슬라이드3: 정답
슬라이드4: 퀴즈2
슬라이드5: 정답

 (중략)

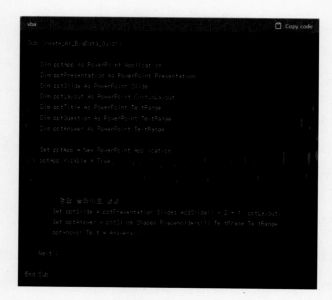

위 VBA 코드를 PowerPoint의 VBA 편집기에 붙여넣고 실행하면, 제목 슬라이드와 퀴즈 및 정답 슬라이드가 생성됩니다.

PPT를 실행하고 ChatGPT에서 생성한 VBA코드를 적용하여 슬라이드를 생성해 봅시다.

따라하기

1 PPT(파워포인트)를 엽니다.
VBA를 적용시킬 창을 켭니다.
[상단 메뉴 – 개발도구]를 클릭합니다.

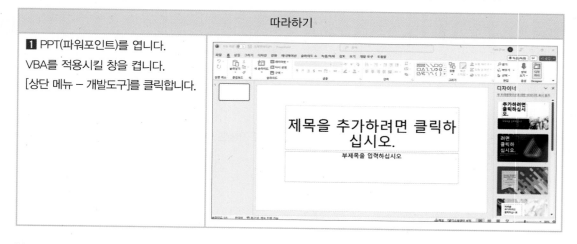

2 만약, 개발 도구 메뉴가 보이지 않는다면, [파일 – 옵션 – 리본 사용자 지정 – 기본 탭 선택 – 개발 도구 선택] 하여 개발 도구 메뉴를 활성화 합니다.

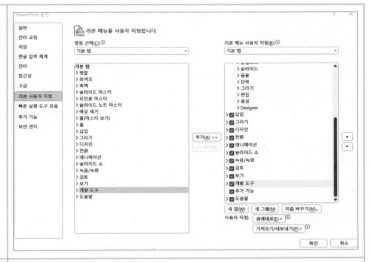

3 상단 메뉴에 [개발 도구] 메뉴가 생성되었습니다.
[Visual Basic] 버튼을 클릭하여 실행합니다.

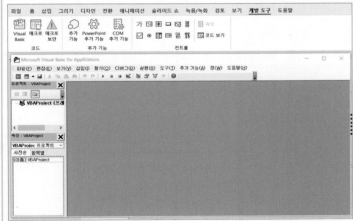

4 [Visual Basic] 상단 메뉴의 [삽입–모듈]을 클릭하면, 빈 화면의 모듈창이 생성됩니다.
창 안에 VBA 코드를 붙여넣기 합니다.

5 [Visual Basic] 메뉴화면 중앙에 있는 초록색 재생모양의 [실행] 버튼을 클릭합니다.

Sub/사용자 정의 폼 실행 (F5)

❝ 코드의 오류가 없을 경우 PPT 창에 바로 슬라이드가 생성됩니다.

6 상단 메뉴의 [보기-여러 슬라이드]를 클릭하면 전체 슬라이드가 한 눈에 보입니다.
그림과 같이 퀴즈 슬라이드가 생성된 것을 확인할 수 있습니다.

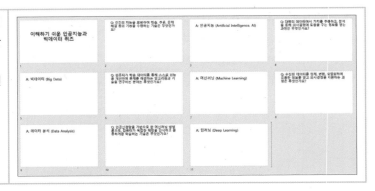

실습해보기 _ 예제 2

파워포인트디자이너 기능을 활용하여 각 슬라이드에 디자인 템플릿을 적용해보겠습니다.

파워포인트디자이너 기능이란 오피스365 구독시에 제공하는 기능으로 사용자가 슬라이드에 콘텐츠를 추가하는 동안 백그라운드에서 콘텐츠에 어울리는 전문가급 디자인의 레이아웃을 제공합니다.

디자이너기능 사용이 가능한지 아래의 그림을 참고하여 확인합니다.

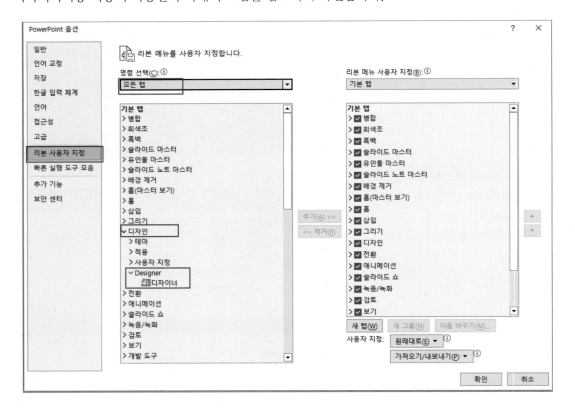

7 슬라이드를 선택하고, [디자인-디자이너] 버튼을 클릭하면 오른쪽 그림과 같이 슬라이드 문구에 어울리는 이미지와 텍스트 배치 디자인을 제공합니다.	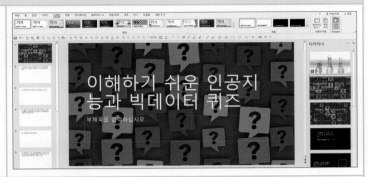
8 추천 디자인의 맨 아래로 내려가면 [더많은 디자인 아이디어 보기]를 클릭하여 다른 디자인을 추가로 볼 수 있습니다.	
9 각각의 슬라이드에 디자인을 적용한 모습입니다.	
10 [홈-바꾸기-글꼴바꾸기] 기능을 이용하면 파워포인트 내 적용된 글꼴을 일괄로 변경할 수 있습니다.	 
11 글꼴까지 변경되어 빠르게 PPT 디자인이 완성되었습니다.	

확장하기

PPT를 완성하였다면, 본격적인 발표 준비에 들어가야 합니다. 먼저, 각 슬라이드 메모에 발표에 필요한 텍스트를 입력합니다. 각 슬라이드에 적힌 내용이 무엇인지 텍스트만 복사하여 한 장의 .txt 파일로 저장할 수 있다면 발표를 준비하는 데 수월할 것입니다. ChatGPT에 전체 슬라이드 메모의 텍스트만 추출하여 .txt 파일 형태로 저장하는 VBA 코드를 요청하고 실행해봅시다.

따라하기
1 PPT 슬라이드 메모창에 발표할 내용들을 각 슬라이드별로 입력합니다.   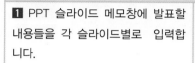
2 ChatGPT로 돌아가 "파워포인트에서 모든 슬라이드 메모를 파일로 추출하는 VBA코드를 알려줘" 라고 입력하여 코드를 요청합니다.   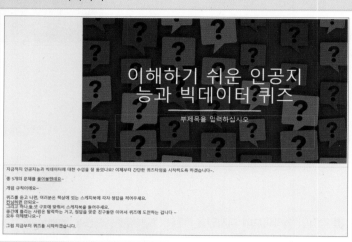   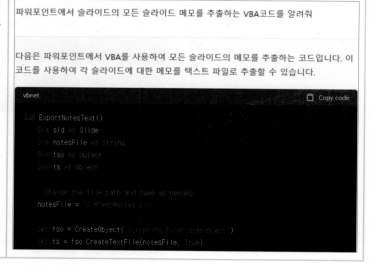

3 바탕화면에 텍스트를 저장하기 위한 폴더를 하나 생성합니다.

ChatGPT에서 생성된 코드를 복사하여 PPT의 [Visual Basic – 삽입– 모듈] 창에 붙여넣기 합니다.

코드의 파일경로를 수정해야 합니다. 바탕화면에 생성된 [PPT_Text] 폴더의 경로를 복사하여 코드에 붙여넣고 실행 버튼을 누릅니다.

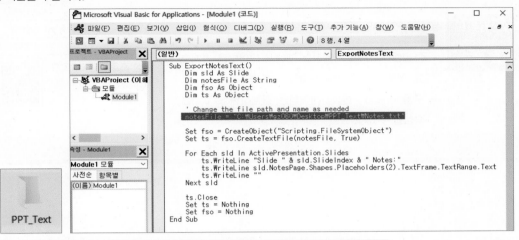

> ❝ 코드에서 "₩Notes.txt" 부분을 제외한 앞부분의 코드에 경로를 붙여 넣습니다.

4 바탕화면의 [PPT_Text] 폴더에 [Notes] 이름의 메모장이 생성된 것을 확인할 수 있습니다.	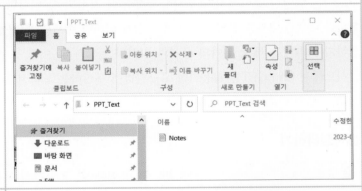
5 전체 슬라이드 내용으로 완성된 메모장 텍스트를 활용하여 효율적으로 발표를 준비할 수 있습니다.	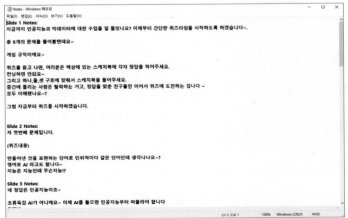

02 ChatGPT를 구글시트에서 사용하기

핵심 키워드	#ChatGPT #API #구글시트 #보고서	레벨 ★★☆☆☆

| 실습 목표 | • ChatGPT API를 사용하여 웹에서 데이터를 가져오고, 이를 구글 시트에 저장할 수 있다.
• 구글 시트에 저장된 데이터를 활용하여 보고서를 작성할 수 있다. | 완성 프로그램 QR코드
https://url.kr/19vd48 |

시작하며

보고서는 다양한 분야에서 요구사항에 맞추어 작성되며, 명확한 주제와 목적을 가지고 작성되어야 합니다. 또한, 내용은 간결하고 독자가 쉽게 이해할 수 있도록 구성되어야 합니다. 좋은 보고서를 작성하기 위해서는 해당 분야의 용어와 지식이 필요하며, 이를 충분히 고려하여 작성해야 합니다. 구글시트에서 ChatGPT를 활용하여 요구사항에 부합하는 보고서를 만들어보겠습니다.

생각정리하기

❶ 목표 설정	목적에 맞는 주제를 설정하고, 구성요소를 잘 파악해야 합니다.
❷ 내용	내용은 간결하고 명확한 문장으로 작성하고, 적절한 예시나 그래프, 차트 등을 활용합니다.
❸ 해당 분야에 대한 지식	분야에 따라서 사용하는 용어나 문장 구성 등이 다르기 때문에 해당 분야에 대한 지식과 경험이 필요합니다.
❹ 독자의 관점	보고서는 독자가 원하는 정보와 요구사항을 충족시켜야 합니다.
❺ 일정 확인	작성에 걸리는 시간과 작성 후 검토 및 수정에 필요한 시간을 고려하여 보고서를 작성합니다.

구글시트에서는 다양한 확장 기능을 사용하여 보다 효율적으로 문서를 작성할 수 있습니다. ChatGPT를 활용하면 텍스트 분석, 자동 요약, 키워드 추출 등 다양한 작업을 수행할 수 있습니다. ChatGPT를 구글시트에 연동하려면 GPT for Sheet Add-on을 설치해야 합니다. GPT for Sheet Add-on을 설치하고 구글시트에서 ChatGPT를 사용해 봅시다.

실습해보기 _ 예제 1

ChatGPT를 구글시트에 연동하기 위해 확장프로그램[GPT for Sheet Add-on]을 설치하겠습니다. [GPT for Sheet Add-on] 설치는 총 3단계로 나누어 진행됩니다.

– 1단계 : "GPT for Sheets™ and Docs™" 앱 설치

– 2단계 : API key 인증

– 3단계 : API key 활성화

> **❝** API(Application Programming Interface)란? 프로그램 내에서 실행을 위해 특정 서브루틴에 연결을 제공하는 함수를 호출하는 것으로 요청되는 작업을 수행하기 위해 존재하는 프로그램 모듈이다

따라하기

1 구글에 로그인 한 후 구글앱에서 구글 시트를 실행합니다.

2 구글 시트에서 [확장 프로그램] – [부가기능] – [부가기능 설치하기]에 들어갑니다.

확장 프로그램 앱 검색에 "GPT for Sheets™ and Docs™"라고 검색하여 앱을 추가합니다.

3 "GPT for Sheets™ and Docs™" 앱을 설치합니다.

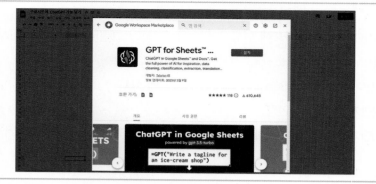

4 앱 설치가 끝났으면, Open ai 사이트에서 API key를 부여받아 인증할 수 있습니다.

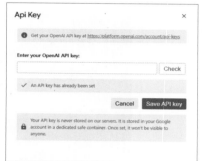

5 API key는 Open AI 사이트(https://openai.com/product)에서 로그인 후 부여받을 수 있습니다.

먼저, 구글계정으로 로그인을 한 후 마이페이지에서 [View API keys] − [+Create new secret key]를 눌러 API key를 복사하고, 붙여넣기를 합니다.

API key 붙여넣기

6 셀에서 =gpt(" ")를 입력하면 ChatGPT에서 질의하는 것과 같습니다.

API key를 인증했더라도 오류가 납니다.

마지막 단계인 구글 시트에서 셀에 [확장 프로그램] – [GPT for Sheets™ and Docs™] – [Enable GPT functions]에서 활성화를 시켜주어야 합니다.

실습해보기 _ 예제 2

"GPT for Sheets™ and Docs™"을 설치한 후에는 다음과 같이 테스트를 수행할 수 있습니다.

1. A2셀 : 구글시트의 gpt함수를 이용하여 보고서 제목을 작성합니다.

=gpt("chatgpt사이트 나도 이용할까? 내용으로 보고서 제목을 작성해줘")

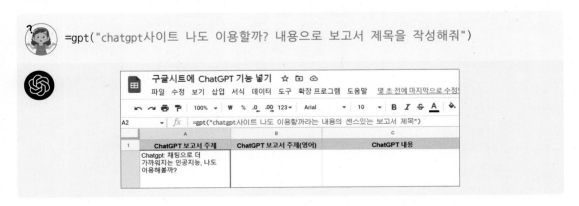

A2셀을 선택 후 =gpt(" ") 형식에 맞춰서 내용을 적습니다.

위와 같이 "ChatGPT: 채팅으로 더 가까워지는 인공지능, 나도 이용해볼까?"라는 ChatGPT의 응답을 받을 수 있습니다.

2. B2셀 : A2에 나온 답변을 영어로 바꿔서 출력합니다.

=GOOGLETRANSLATE(A2,"ko","en")

구글 시트 번역 함수 GOOGLETRANSLATE로 특정 셀에 있는 단어나 문장을 다른 언어로 자동 번역되도록 만들 수 있습니다. A2셀에 있는 '보고서 제목'을 영어로 번역합니다. 영어로 번역할 B2셀에 =GOOGLETRANSLATE(A2,"ko","en") 함수를 입력합니다.

3. C2셀 : 구글시트의 gpt함수를 이용하여 보고서 내용을 작성합니다.

=gpt("ChatGPT사이트를 나도 이용해야 하는지 내용을 적어주고, 이용하는 사람들의 통계를 구해줘")

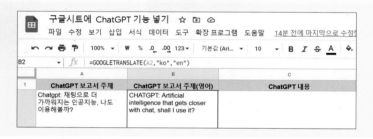

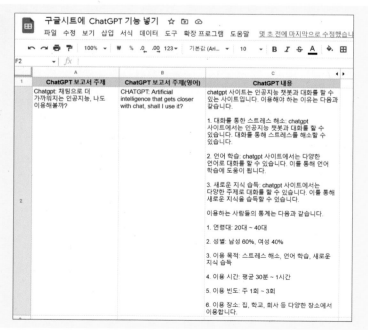

4. D2셀 : 사용자의 수정버전으로 내용을 수정합니다.

C2의 셀을 복사 후 D2열의 [선택하여 붙여넣기] – [값]으로 붙여넣기 합니다.

구글 시트에서 확장프로그램으로 쓰는 "GPT for Sheets™ and Docs™"는 맥락에 따라 다양한 글을 생성할 수 있으므로, 시트의 데이터나 차트 등을 분석한 결과를 요약하여 보고서를 작성하는 데에도 도움이 될 수 있습니다. 하지만, "GPT for Sheets™ and Docs™"를 사용할 때에는 생성된 글이 항상 정확하고 완벽하지는 않을 수 있으므로, 생성된 내용을 반드시 확인하고 수정하는 것은 사용자의 몫이며, 사용자의 기준으로 판단하여 사용하도록 하는 것이 좋습니다.

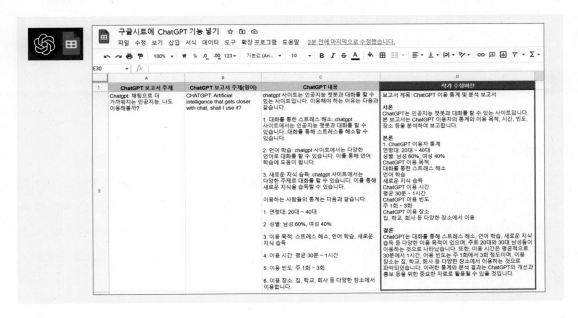

03 ChatGPT와 구글시트로 업무효율 올리기

핵심 키워드 #ChatGPT #API #구글시트 #자동화

레벨 ★★★☆☆

실습 목표
- ChatGPT를 사용하여 구글 시트의 일부 작업을 자동화할 수 있다.
- 자연어 처리 기술 기반인 ChatGPT에서 구글 시트의 텍스트 데이터를 처리를 할 수 있다.
- 구글시트에서 ChatGPT 함수 리스트를 이용하여 데이터의 패턴을 빠르게 파악하고, 의사 결정에 도움을 줄 수 있다.

완성 프로그램 QR코드
https://url.kr/7ip19u

시작하며

ChatGPT를 이용하여 구글 시트의 업무 효율을 높이는 방법은 데이터 입력 및 처리, 자동화, 데이터 시각화, 자연어 처리 등이 있습니다. 구글 시트의 작업을 자동화하거나, 데이터의 패턴을 빠르게 파악하여 의사 결정에 도움을 줄 수 있습니다. ChatGPT는 자연어 처리 기술을 사용하기 때문에, 텍스트 데이터를 처리하는 데에도 유용하게 활용할 수 있습니다. 이러한 방법들을 적극적으로 활용하여 업무 효율을 높이는 방법을 알아봅시다.

생각정리하기

기본적으로 업무를 효율적으로 높이는 방법은 다음의 절차로 진행됩니다.

❶ 업무 설계	업무 프로세스의 목표와 범위를 결정하고, 이를 달성하기 위한 일련의 단계 및 활동을 정의합니다
❷ 업무 실행	다양한 정보를 수집하고, 이를 바탕으로 업무 수행 결과를 제공합니다.
❸ 문제 개선	업무 프로세스 모니터링을 통해 문제가 발생하거나 개선이 필요한 부분을 파악합니다.
❹ 최적화	업무 모니터링 결과를 바탕으로, 업무 일련의 단계 및 활동을 개선합니다.
❺ 자동화	업무의 생산성을 높이고 인력의 비용을 절감할 수 있습니다.

구글 시트에서도 업무 프로세스 자동화를 쉽게 할 수 있으며, 이를 통해 업무의 생산성을 높이고 비용을 절감할 수 있습니다. 구글 시트는 다양한 함수를 제공하여 데이터를 계산하고, 처리하는 작업을 자동화할 수 있습니다. ChatGPT 전용함수 리스트로 업무 자동화에 도전해봅시다.

실습해보기

[3-2 ChatGPT를 구글시트에서 사용하기]편을 참고하여 ChatGPT를 구글시트에 연동해주도록 합니다. 확장프로그램이 있어야 ChatGPT 전용함수를 쓸 수 있습니다.

주로 데이터의 패턴을 빠르게 파악하여 의사 결정에 도움을 줄 수 있는 함수들로 구성이 되어있으니 아래의 예제를 참고해서 실습해보고 업무에 적용해 봅시다.

따라하기

1 구글시트에 [GPT for Sheet Add-on]확장프로그램 연동이 되어있다면, 셀 입력창에 [=GPT....] 라고 입력합니다. ChatGPT 확장프로그램 전용함수를 선택할 수 있습니다.

- GPT : 단일 셀에서 ChatGPT의 결과를 얻을 수 있습니다.
- GPT_MAP : 범위의 각 값과 가장 잘 일치하는 열을 찾을 수 있습니다.
- GPT_TAG : 문장에서 태그를 출력할 수 있습니다.
- GPT_EDIT : 작성한 글을 다른 형식으로 변형할 수 있습니다.
- GPT_FILL : 제공된 예제에 따라 범위의 빈 부분이 채워집니다.
- GPT_LIST : 조건에 맞는 값을 여러 셀에 가져옵니다.
- GPT_TABLE : 프롬프트(키워드)에서 항목 테이블(표)로 가져옵니다.
- GPT_FORMAT : 셀 데이터를 동일한 형식으로 정리합니다.

2 GPT함수는 질문과 답변을 얻을 수 있는 함수입니다.

[A3]셀에 ChatGPT에게 질문을 할 수 있습니다. 질문에 대한 답변은 단일 셀에 여러 답변을 받습니다.

이 경우 아래의 GPT_LIST함수를 이용하여 셀을 분리하도록 합니다.

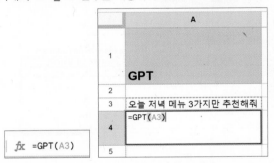 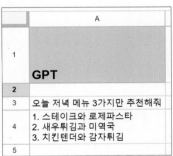

3 GPT_LIST함수는 단일 셀에 있는 결과를 여러 셀에 분리하여 데이터 활용에 유용하게 사용할 수 있도록 하는 것입니다.

4 GPT_TABLE함수는 키워드에 관한 항목을 테이블(표)로 가져옵니다.

[A3]셀에 입력한 키워드를 구체적으로 표에 서술한 결과 값을 받을 수 있습니다.

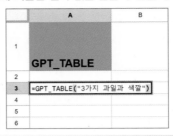

fx =GPT_TABLE("3가지 과일과 색깔")

5 GPT_EDIT함수는 작성한 키워드를 문장으로 구성할 수 있습니다.

먼저, [A3~C3]에 원하는 키워드를 하나씩 넣습니다.

그 다음, [A4]셀을 선택하고, 위의 키워드 넣은 부분을 드래그하여 범위를 지정합니다.

이제, [A4]셀에 키워드를 바탕으로 하여 자동으로 문장이 재구성된 결과 값을 받을 수 있습니다.

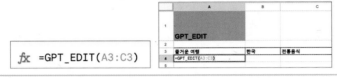

fx =GPT_EDIT(A3:C3)

6 GPT_FORMAT은 셀 데이터를 요청한 형식으로 정리합니다.

문장형식, 대문자, 소문자, 문자표시 등 문장을 보기 좋은 형태로 정리하여 줍니다. 정리되지 않은 데이터를 일정 형식에 맞게 정리할 때 유용한 함수입니다

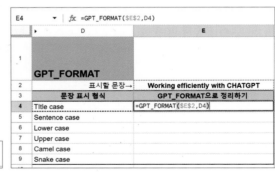

fx =GPT_FORMAT(E2,D4)

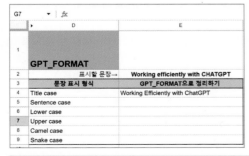

❝ [E2]셀에 $를 넣어 [$E$2]셀 주소로 입력하면, 셀 값을 복사할 때 특정 셀을 고정하는 절대 참조라는 뜻입니다.

다음은 ChatGPT 확장프로그램 전용함수를 적용한, 다양한 활용 분야의 예시입니다.

- 랜딩 페이지 카피 문구 만들기
- 제품 리뷰 요약
- 이름, 주소, 이메일, 전화번호 목록 정리
- 블로그 게시물 아이디어 생성
- 프롬프트를 이용한 글쓰기
- 목록 분류하기

이렇듯, 위의 다양한 업무에 대해 ChatGPT를 활용하고 확장프로그램 전용함수를 적용한다면, 업무를 자동화하거나 간소화하여 업무의 효율과 생산성을 높일 수 있습니다.

04 ChatGPT로 나만의 보고서 만들기

핵심 키워드	#ChatGPT #API #구글시트 #보고서 #자동화 #GPTWorkspace	레벨 ★★☆☆☆

실습 목표	• ChatGPT로 텍스트를 자동으로 생성하는 API를 만들 수 있다. • 구글 시트에 GPTWorkspace 확장프로그램을 설치하여 ChatGPT를 연동시킬 수 있다. • 텍스트 자동완성 API로 보고서의 각 항목(예 제목, 부제목, 내용 등)을 자동으로 작성할 수 있다.

완성 프로그램 QR코드
https://url.kr/lrh1q2

시작하며

ChatGPT는 창의적인 업무나 아이디어 발상뿐 아니라, 단순 반복적인 업무에서도 효과적으로 활용할 수 있습니다. 예를 들어, 이메일이나 문서의 템플릿을 자동으로 생성하거나, 고객 문의에 대한 자동응답 시스템을 구축하는 등의 업무에 ChatGPT를 활용할 수 있습니다. 이러한 반복적인 업무의 자동화는 인력 비용 절감과 작업 생산성 향상에 큰 도움을 줄 수 있습니다.

생각정리하기

❶ 자동화대상	어떤 보고서 작성 업무를 자동화할 것인지 정확히 파악해야 합니다. 보고서의 종류, 작성 방식, 작성 주기 등을 고려하여 자동화 대상을 정해야 합니다.
❷ 수집내용정의	자동화 된 보고서 작성에 필요한 데이터를 어떻게 수집할 것인지 생각해야 합니다.
❸ 보고서 양식 작성	ChatGPT를 사용하기 위해서는 보고서의 양식과 내용을 미리 정해야 합니다.
❹ 최적화	업무 모니터링 결과를 바탕으로, 업무 일련의 단계 및 활동을 개선합니다.
❺ 자동화된 보고서 검토	자동화된 보고서의 내용을 검토하고 수정해야 합니다. 자동화된 보고서가 항상 완벽하지는 않으므로 검토 및 수정이 필요합니다.

위의 내용들을 바탕으로 보고서 작성 업무 자동화에 대한 구체적인 계획을 세우고, 적절한 도구와 방법을 선택하여 업무를 효율적으로 자동화할 수 있습니다.

실습해보기

ChatGPT를 구글 시트와 연동하기 위해서는 구글 시트의 확장프로그램 [GPT for Docs™ Sheets] 를 설치해야 합니다.

따라하기

1 https://docs.google.com/spreadsheets

구글 스프레드시트 사이트에 접속합니다.

새스프레드시트 시작하기에서 [템플릿 갤러리]를 클릭합니다.

2 템플릿 갤러리에서 원하는 스타일의 템플릿을 선택합니다.

템플릿을 선택한 후 구글 시트 메뉴탭에서 확장프로그램 〉 부가기능설치하기를 클릭하여 Google workspace marketplce로 이동합니다.

[GPT Workspace]를 검색하여 설치합니다.

사용할 구글계정을 선택한 뒤 "GPT for Sheets™ Docs™ Slides™에서 내 Google 계정에 액세스하려고 합니다." 메시지가 나오면 [허용] 버튼을 클릭합니다.

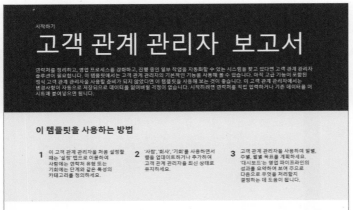

3 첫 번째 영역으로 "보고서주제"를 작성해봅니다.

=(gpt("4차산업혁명기술:,0.7)"))

gpt() 함수는 OpenAI GPT 모델을 호출합니다.

함수의 인자로 "4차 산업혁명 기술"이라는 텍스트를 전달합니다.

0.7은 생성된 텍스트의 다양성(Diversity)을 나타내는 Hyperparameter로, 값이 클수록 생성된 문장이 다양해집니다.

보고서 주제
=(gpt("4차산업혁명기술:,0.7)"))

4 생성된 값이 셀에 바로 입력됩니다. 다음 영역으로 "키워드"를 입력해봅니다.

5 예를 들어 4차 산업 혁명 기술동향 보고서를 만든다고 가정했을 때 오늘의 주요 키워드에 "음성인식" 단어를 한글로 입력해 봅니다.

다음 행은 자동 번역되는 코드를 입력해줍니다.

=iferror(GOOGLETRANSLATE(C10,"ko","en"),"")

iferror라는 코드는 C10 셀에 있는 한글 문장을 영어로 번역하는 함수입니다. 만약 번역하는 과정에서 에러가 발생하면 빈 문자열("")을 반환합니다.

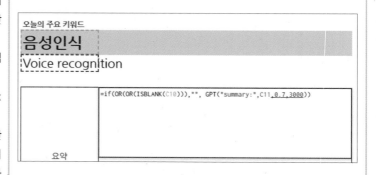

6 주요 키워드로 음성인식 이라는 단어를 넣어 번역이 되었다면 해당 키워드 관련 요약, 마케팅사례, 교육 활용방법 3가지 항목을 자동으로 불러옵니다. 이때 원하는 항목을 자유롭게 정할 수 있습니다.

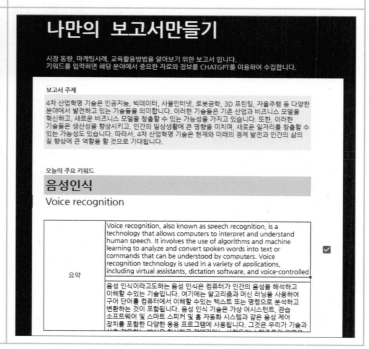

7 결과 값이 나오는 영역에 다음과 같은 코드를 입력해줍니다.
`=if(OR(OR(ISBLANK(C10))),"",`
`GPT("summary:",C11,0.7,3000))`

C10 셀이 비어있는지 확인하고 비어 있지 않으면 GPT 모델을 사용하여 C11 셀의 긴 글을 "summary:"로 시작 하는 짧은 글로 만드는 코드입니다. 그리고 GPT 함수에서 0.7과 3000이 라는 숫자를 전달하는데, 이 숫자들 은 요약된 글이 어떻게 생성될지를 조정하는 역할을 합니다.

오늘의 주요 키워드

음성인식
Voice recognition

`=if(OR(OR(ISBLANK(C10))),"", GPT("summary:",C11,0.7,3000))`

요약

ChatGPT를 사용하여 자동화하여 보고서를 작성하면, 자료의 출처가 명확하지 않을 수 있습니다. 보고서의 신뢰성을 높이기 위해 자료를 수집하고 작성하는 과정에서 반드시 정확성에 대해 검증하 는 노력이 필요합니다.

PART 04

업무 활용 분야

ChatGPT로 브랜드 로고 만들기
ChatGPT로 프로모션 페이지 만들기
ChatGPT로 설문조사 앱 만들기
ChatGPT로 스케줄링&회의록 작성하기

01 ChatGPT로 브랜드 로고 만들기

핵심 키워드 #ChatGPT #Looka #microsoftdesigner

레벨 ★☆☆☆☆

실습 목표
- 브랜드 로고를 만들기 위한 절차와 방법에 대해 이해하고 생성형 AI 기반의 여러 툴을 활용할 수 있다.
- ChatGPT를 활용하여 브랜드의 시각적 아이덴티티를 높이는 창의적인 방법을 얻고, 브랜드의 컨셉과 가치를 적용하여 로고를 제작할 수 있다.
- Looka와 Microsoft Designer의 다양한 디자인 요소를 조합하여 새로운 디자인을 생성할 수 있다.

시작하며

브랜드 로고는 브랜드를 대표하는 시각적 아이덴티티를 형성하는데 중요한 역할을 합니다. 잘 만들어진 브랜드 로고는 소비자들로 하여금 쉽게 각인되어 브랜드 인지도와 선호도 형성에 많은 영향을 끼칩니다. 이번 장에서는 브랜드 로고를 쉽고 빠르게 제작하는 방법을 ChatGPT와 브랜드 로고 제작 툴인 'Looka'를 통해 배우고, 더 나아가 다양한 이미지 생성형 AI 사이트를 활용하여 브랜드 로고를 창의적으로 제작하는 방법을 알아봅시다.

생각정리하기

브랜드 로고를 제작하기 위해서는 다음과 같은 요소를 고려해야 합니다.

❶ 브랜드 아이덴티티	로고는 브랜드 아이덴티티를 한 눈에 파악할 수 있는 시각적 산물이 되어야 합니다. 로고 디자인을 시작하기 전, 브랜드의 아이덴티티를 파악하는 것이 중요합니다.
❷ 브랜드 타겟층	로고를 제작할 때에는 브랜드의 타겟 소비자가 어느 대상인지 확인해야 합니다. 타겟층에 따라 고려해야 할 디자인 요소가 달라질 수 있습니다.
❸ 컨셉	브랜드 자체의 컨셉이 중요하듯이, 로고에도 디자인 컨셉이 중요합니다. 브랜드의 가치와 아이덴티티를 담을 수 있는 컨셉을 설정해야 합니다.
❹ 디자인 요소	색상, 글꼴 등의 디자인 요소가 로고 디자인의 컨셉을 만드는 데 중요한 역할을 합니다. 브랜드 아이덴티티와 가치, 컨셉에 일관성있는 디자인 요소들을 반영하여 제작해야 합니다.

위 요소들을 고려하여 브랜드 로고를 제작하기 위해 다음과 같은 과정을 거쳐야 합니다.

❶ **아이디어 도출 :** 만들려는 브랜드의 아이덴티티와 타겟 대상, 컨셉을 설정합니다. 이 과정에서 ChatGPT를 활용하여 다양한 아이디어를 얻을 수 있습니다.

❷ **스케치 :** 아이디어를 바탕으로 대략적인 로고 디자인을 스케치합니다. ChatGPT로 얻어낸 아이디어를 키워드로 요약하여 Looka 툴을 사용하여 만들어 봅니다.

❸ **디자인 구체화 및 수정, 보완 :** 프로토타입으로 제작된 여러 로고 디자인 중 선택하여 이미지 생성형 AI를 통해 창의적인 디자인으로 구체화합니다. 완성된 디자인은 브랜드 컨셉에 맞는지 분석하고 수정, 보완하는 작업을 거쳐 최종 선택합니다.

실습해보기 _ 예제 1

1. 브랜드, 로고 컨셉 정하기

브랜드를 정하고, 어떤 타겟 대상과 컨셉으로 브랜드 및 로고를 제작할지 ChatGPT를 통해 아이디어를 얻습니다.

새로운 카페를 열거야.
카페의 이름은 '담소'야. 카페의 주요 판매 품목은 겨울에는 다양한 종류의 따뜻한 차가 중심이고 대표적인 상품은 '건강 녹용차'야.
여름에는 직접 기른 열매들을 가지고 에이드를 만들건데, 예를 들어, '매실 에이드, 오디 에이드, 블루베리 에이드' 등이 있어.
카페의 컨셉은 자연 친화적, 네이쳐 메이드 이고, 카페의 대표 색상은 밝은 녹색으로 표현하고싶어.
주된 타겟층은 건강에 관심 있는 트렌디한 30~70대 고객이야.
이 카페의 브랜드 컨셉과 아이덴티티를 표현해줄 단어를 5개로 요약하고 영어로 번역해줘.

브랜드 컨셉과 아이덴티티를 표현해줄 단어를 5개로 요약하고 영어로 번역하면 다음과 같습니다.

Nature-friendly: 자연 친화적인
Healthy: 건강한
Trendy: 트렌디한
Refreshing: 상쾌한
Authentic: 진정한, 진짜의

이 브랜드 컨셉으로 로고를 제작할거야. 로고의 컨셉을 어떻게 만들면 좋을까?

 로고 디자인에서 브랜드의 컨셉을 잘 반영하려면 다음과 같은 방법을 고려해볼 수 있습니다.

1. 컨셉에 어울리는 색상 선택: 카페의 대표 색상인 밝은 녹색을 활용하여 로고에 반영할 수 있습니다.
2. 로고 타입 선택: 로고는 워드마크, 이니셜, 로고마크 등 다양한 타입으로 제작할 수 있습니다.
3. 로고 폰트 선택: 로고 폰트는 브랜드의 이미지와 느낌을 전달하는 중요한 요소입니다. 컨셉과 어울리는 폰트를 선택하여 로고에 활용할 수 있습니다.
4. 이미지/아이콘 선택: 카페의 자연 친화적이고 건강한 이미지를 나타내는 식물, 나뭇잎 등을 활용할 수 있습니다.
5. 전체적인 디자인 스타일 선택: 로고를 제작할 때 전체적인 디자인 스타일도 고려해야 합니다. 카페의 자연 친화적이고 건강한 컨셉과 어울리는 자연적인 요소를 활용한 디자인이나, 간결하고 현대적인 스타일의 디자인 등을 고려해 볼 수 있습니다.

2. 로고 만들기

이제 생성된 컨셉에 맞게 Looka 프로그램을 통해 로고를 제작해봅시다. Looka는 사용자가 직접 로고를 디자인할 수 있는 로고 제작 웹사이트 중 하나입니다. Looka에서 제공하는 폰트와 색상, 이미지, 아이콘 등 다양한 디자인 요소를 활용하여 로고를 디자인할 수 있습니다.

> ❝ looka 사이트는 유료 결제를 통해 생성된 브랜드 로고를 다양한 형태로 편집, 사용하거나, 상업적 이용을 할 수 있도록 제공합니다.

따라하기

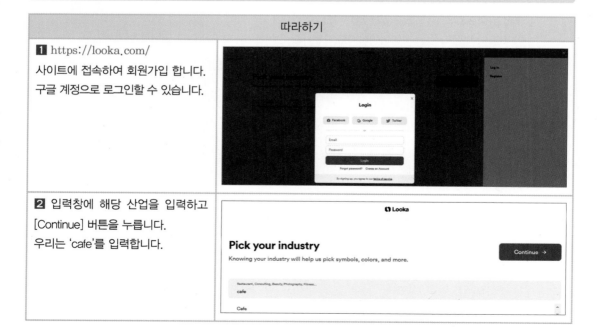

1 https://looka.com/ 사이트에 접속하여 회원가입 합니다. 구글 계정으로 로그인할 수 있습니다.	
2 입력창에 해당 산업을 입력하고 [Continue] 버튼을 누릅니다. 우리는 'cafe'를 입력합니다.	

3 몇 가지의 대략적인 로고 디자인이 제안됩니다. 이 중 마음에 드는 디자인을 골라 [Skip] 버튼을 누릅니다.

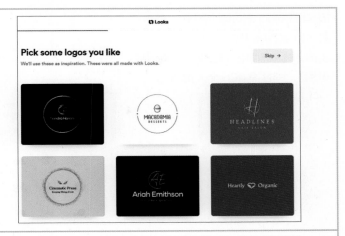

4 다음은 브랜드를 대표하는 컨셉 색상을 고르고 [Skip] 버튼을 누릅니다. 우리 카페의 컨셉은 '녹색'으로 정했기 때문에 Green 색상을 선택합니다.

5 브랜드의 이름과, 슬로건을 입력합니다. 슬로건 입력창에는 우리가 ChatGPT로 얻어낸 컨셉 단어들을 입력합니다.

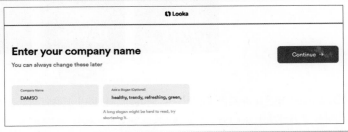

6 브랜드의 Symbol(상징)을 나타낼 단어를 선택하는 창이 나타납니다. 만약, 더 많은 옵션을 보고 싶다면 파란색 글씨의 [I need to pick my own symbols]를 클릭합니다.
화면에 동그라미 형태의 다양한 Symbol 단어가 제시됩니다.

7 각 Symbol 단어에 해당되는 여러 아이콘들이 제안됩니다. 5개의 Symbol에 해당하는 마음에 드는 아이콘을 선택한 후, [Continue]를 누릅니다.

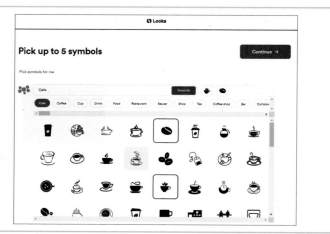

8 브랜드 이름과, 컨셉, 색상, Symbol 등을 모두 일관성있게 담아낸 다양한 로고들의 프로토타입이 제시됩니다. 이 중 마음에 드는 로고를 최종 선택하여 [Start customizing] 버튼을 누르면, 사용자의 취향에 맞게 수정, 보완할 수 있습니다.

[Customize] 버튼을 누르면 편집창으로 넘어갑니다. 화면 좌측의 메뉴를 눌러 레이아웃을 변경하거나, 다른 아이디어를 추가하거나, Symbol, 색상, 텍스트를 변경하는 등의 추가작업을 할 수 있습니다.
완성된 브랜드 로고는 화면 우측 상단의 [Download] 버튼을 눌러 다운로드 받을 수 있습니다.

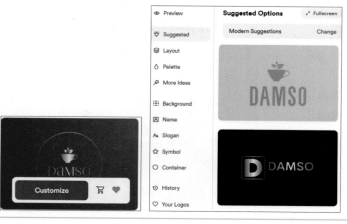

실습해보기 _ 예제 2

이번에는 다른 방법으로 ChatGPT에서 얻어낸 브랜드 컨셉과 아이덴티티를 요약한 단어 5개에 추가 프롬프트를 작성하여 Playground AI에서 이미지를 생성해봅시다. '픽사베이'나 '플래티콘' 등 무료 이미지, 아이콘 다운로드 사이트에서 참고할 로고 이미지를 다운 받아 활용할 수 있습니다.

따라하기

1 플래티콘(https://www.flaticon.com/)에 접속하여 원하는 아이콘을 다운 받습니다. ChatGPT를 통해 얻어낸 키워드 중에 브랜드 컨셉에 어울리는 이미지/아이콘으로 '나뭇잎, 식물'을 추천 받았으므로, 이를 참고하여 원하는 이미지를 선택합니다.	
2 https://playgroundai.com/ 사이트에 접속합니다. Playgound AI에 접속하고 좌측 하단의 [image to image]에 다운받은 아이콘을 업로드 합니다.	
3 이미지 필터를 [App icons]로 선택한 후, 프롬프트에 ChatGPT를 통해 얻은 컨셉 및 추가 프롬프트를 작성하여 넣습니다. (Nature-friendly, Healthy, Trendy, Refreshing, Authentic) [Generate] 버튼을 눌러 이미지를 생성합니다.	
4 생성된 여러 이미지 중 마음에 드는 이미지를 골라 [edit] 버튼을 클릭하고, [mask] 영역을 지정합니다. 화면 좌측의 프롬프트 창에 추가 프롬프트를 작성한 후, [Generate] 버튼을 눌러 이미지를 재생성합니다. **예** add a man with a coffee 생성된 이미지는 우측 상단의 [Save Changes] 버튼을 누른 후, 이미지 상단의 [Download] 버튼을 눌러 저장할 수 있습니다.	

완성이미지

Playground AI를 통해 생성된 브랜드 로고 이미지입니다. 이미지 생성 AI를 통해 제작된 브랜드 로고는 다운로드 받아 다양한 목적으로 활용이 가능합니다. 브랜드 이름을 추가로 넣거나 이미지를 수정하는 등의 추가 작업이 필요한 경우에는 다른 디자인 툴을 사용할 수 있습니다.

확장하기

브랜드 이름과 컨셉, 색상, 타겟층이 확실히 정해졌다면 Microsoft Designer 툴을 활용하여 브랜드 이미지나 로고를 창의적으로 자유 창작할 수도 있습니다. Microsoft Designer는 마이크로소프트가 개발한 이미지 생성형 AI 기반의 서비스를 제공하며 회원가입 절차와 승인 절차를 거치면 무료로 사용 가능합니다. 창작 가능한 디자인 영역이 넓고 다양한 자료와 가이드 라인, 아이콘, 색상, 폰트 등의 많은 디자인 리소스를 무료로 제공합니다. 완성된 작품은 다양한 템플릿으로 활용 가능하고 다운로드 받아 사용할 수도 있습니다.

이번에도 ChatGPT에서 얻어낸 브랜드 컨셉과 아이덴티티를 요약한 단어 5개에 추가 프롬프트를 작성하여 Microsoft Designer에서 이미지를 생성해봅시다.

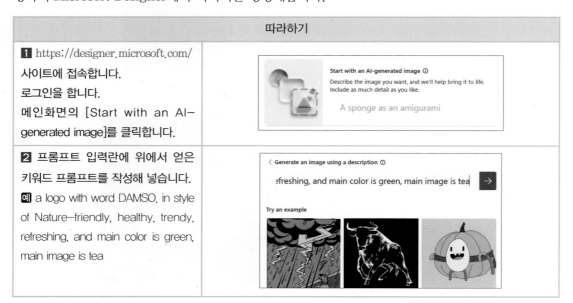

3 생성된 결과 중 마음에 드는 것을 클릭하면 [save] 버튼을 눌러 로고를 저장할 수 있습니다. [Generate] 버튼을 누르면 다양한 템플릿에 활용할 수 있는 창이 나옵니다.	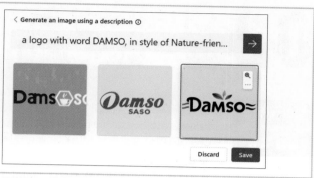
4 원하는 템플릿을 선택하여 사용자의 취향에 따라 디자인을 할 수 있습니다. 홍보 문구를 작성할 수도 있고, 메뉴판으로 응용할 수도 있습니다. 완성된 작품은 화면 상단 오른쪽의 [Download] 버튼을 눌러 저장합니다.	

완성이미지

Microsoft Designer를 통해 생성된 브랜드 로고 이미지입니다. 저장 옵션 중 워터마크 해제를 선택하면 워터마크를 삭제하고 저장할 수도 있습니다. Microsoft Designer를 통해 제작된 브랜드 로고는 다운로드하여 이벤트 초대장이나 메뉴판 등 다양한 용도로 활용이 가능합니다. 이처럼, 브랜드의 아이덴티티와 컨셉, 색상 등의 디자인 요소가 일관되게 정해져 있다면, 다양한 이미지 생성 AI 툴들을 활용하여 손쉽게 나만의 브랜드 로고를 창의적으로 재생산할 수 있습니다.

- 필요한 결혼 준비물 리스트
- 결혼 준비 예산 관리 방법

2.웨딩 패키지
- 다양한 웨딩 패키지 종류
- 웨딩 패키지 비용 및 구성 요소
- 웨딩 패키지 선택 시 고려할 사항

(중략)

이제 이러한 정보들을 토대로 노션을 활용하여 프로모션 페이지를 만들어봅시다.

02 ChatGPT로 프로모션 페이지 만들기

핵심 키워드	#ChatGPT #프로모션페이지 #전략 #성과 #노션(Notion)	레벨 ★★★☆☆
실습 목표	• ChatGPT에서 프로모션 페이지에 대한 항목을 찾아	완성 프로그램 QR코드

실습해보기 _ 예제 2

노션(Notion)으로 프로모션 페이지를 만들기 위해서는 노션의 기능과 레이아웃을 잘 활용해야 합니다.

 mz세대를 위한 특별한 웨딩 패키지 , 프로모션 페이지 제목 좀 만들어줘

 "만남부터 특별했던 우리, MZ세대를 위한 최고의 웨딩 패키지로 추억을 만들어보세요!"

따라하기

1 노션은 회원 가입후 사용이 가능합니다.

2 시작 화면의 왼쪽 카테고리에서 [+페이지 추가]를 눌러 페이지를 추가합니다.

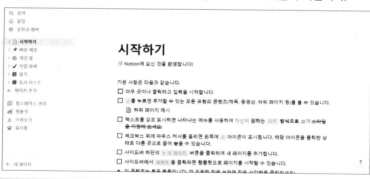

3 ChatGPT로 만든 프로모션 페이지 제목을 넣고 편집합니다.

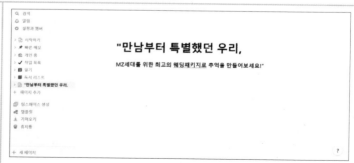

4 수정할 부분에 블록을 씌워 자동 편집창에서 편집합니다. 예를 들어 글자 크기를 바꾸거나 글자 색상을 바꿀 수 있습니다.

5 커버 또는 아이콘을 추가해서 페이지를 디자인할 수 있습니다. 수정할 부분에 마우스를 가져다 대면 수정할 수 있는 메뉴들을 볼 수 있습니다.

6 노션은 인공지능(AI)을 활용하여 사용자 경험을 개선하고 생산성을 높이는 다양한 기능을 제공합니다. 페이지에서 스페이스바를 누르거나 자동메뉴창에서 [AI에게 요청] 메뉴를 선택하면 간단한 챗봇이 가능합니다.

7 기존에 가지고 있는 사진도 업로드 할 수 있습니다.

▲ 프로모션 회사 홈페이지와 사진

프로모션 페이지가 완성되면 페이지를 공유할 수 있습니다. 노션은 링크를 생성하여 페이지를 공유하는 기능을 제공합니다. 노션 페이지를 공개하려면, 해당 페이지를 선택하고 페이지 상단의 "공유" 버튼을 클릭하면 됩니다. 공개적으로 볼 수 있는 링크를 생성하여 공유하거나, 이메일 등을 통해 다른 사람들과 공유할 수 있습니다.

ChatGPT로 만든 프로모션 페이지 제목으로 노션에서 프로모션 페이지를 만들어봅니다.

04 ChatGPT로 스케줄링&회의록 작성하기

핵심 키워드	#ChatGPT #클로바노트 #스케줄링 #회의록	레벨 ★★★☆☆

실습 목표	• ChatGPT를 활용하여 모임 일정을 정할 수 있다. • ChatGPT를 활용하여 스케줄링(Scheduling) 업무에 적용할 수 있다. • 클로바노트를 활용하여 회의 내용을 요약하고, ChatGPT를 활용하여 회의록을 작성할 수 있다.

시작하며

업무에서 가장 중요한 것 중 하나는 회의 내용을 요약하여 회의록을 작성하는 것이며, 또 하나는 여러 사람과의 일정을 조율하여 모임 일정을 정하거나 업무 배치, 즉 스케줄링하는 작업입니다. 반복되는업무와 다른 중요한 작업 사이에서 스케줄링과 회의록 작성에 신경을 쓰는 것이 여간 쉽지 않습니다. ChatGPT의 강화된 자연어 추론 시스템과 클로바노트의 음성을 텍스트로 변환 및 AI요약 기능을 활용하면 시간을 크게 절약할 수 있습니다. 이러한 기술들은 사람들이 더 중요한 업무에 집중할 수 있는 여유를 제공해 줄 것입니다.

생각정리하기

모임 일정, 스케줄링과 회의록 작성에서 신경 써야 할 부분을 살펴보겠습니다.

❶ 모임일정 정하기	모든 참석자의 편의를 고려하며 가능한 일정을 취합하고, 최적의 날짜 및 시간을 설정합니다.
❷ 스케줄링	참석자들의 일정과 역할을 파악하여 스케줄에 적합하게 분배하여 배치하는 것이 중요합니다.
❸ 회의록 작성	중요한 내용과 합의 사항을 정확하게 기록하고, 보기 쉽게 정리하는 것이 중요합니다.

실습해보기 _ 예제 1

카카오톡에서 나눈 대화를 토대로 [대화 내보내기] 기능을 통해 전체 텍스트를 분석하여
최적화된 일정을 정해보겠습니다.

따라하기
1 카카오톡 채팅창에서 [메뉴]–[대화내용]–[대화 내보내기] 순서로 버튼을 클릭하여 일정에 대해 나눈 대화를 파일로 저장합니다.
2 저장위치를 기억하며 [.txt] 파일로 저장합니다.
3 텍스트 파일은 메모장에서 바로 열 수 있습니다. 대화 내용 전체를 복사하여 ChatGPT에 입력하고 적합한 일정을 요청해 보도록 합니다. ※ 상관없는 내용이 포함되어도 좋습니다.

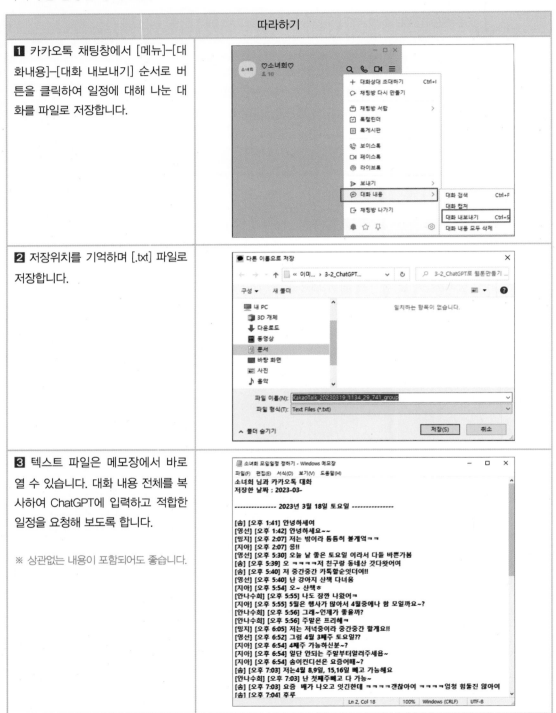

소녀회 님과 카카오톡 대화
저장한 날짜 : 2023-03-

─────────── 2023년 3월 ───────────

[영선] [오후 5:30] 오늘날 좋은 토요일 이라서 다들 바쁜가봄

[솜] [오후 5:39] 오 ㅋㅋㅋㅋ저 친구랑 동네산 갓다왓어여

[솜] [오후 5:40] 저 중간중간 카톡할순잇더여!!

[영선] [오후 5:40] 난 강아지 산책 다녀옴

[지아] [오후 5:54] 오~ 산책ㅎ

[안나수희] [오후 5:55] 나도 잠깐 나왔어ㅋ

[지아] [오후 5:55] 5월은 행사가 많아서 4월중에나 함 모일까요~?

[안나수희] [오후 5:56] 그래~언제가 좋을까?

[안나수희] [오후 5:56] 주말은 프리해ㅋ

[밍지] [오후 6:05] 저는 저녁중이라 중간중간 할게요!!

[영선] [오후 6:52] 그럼 4월 3째주 토요일??

[지아] [오후 6:54] 4째주 가능하신분~?

[지아] [오후 6:54] 일단 안되는 주말부터 알려주세용~

[지아] [오후 6:54] 솜이 컨디션은 요즘어때~?

[솜] [오후 7:03] 저는 4월 8,9일, 15,16일 빼고 가능해요

(중략)

[지아] [오후 7:13] 다들 요일은 토욜/일욜 중 언제가 좋아요~?

[지아] [오후 7:13] ㅋㅋㅋㅋ갑자기 외치기가 되고 잇엇닼ㅋ

[안나수희] [오후 7:14] 난 토요일ㅋㅋ

[밍지] [오후 7:14] 저는 일욜 저녁에 함표!

[영선] [오후 7:17] 나도 토요일~

대화 내용을 참고해서 모임이 가능한 날짜와 요일을 추천해주세요

모임 날짜와 요일을 추천하겠습니다. 대화 내용을 종합해보면, 가능한 일정은 다음과 같습니다.

솜: 4월 8, 9일, 15, 16일 빼고 가능

안나수희: 4월 첫째주 빼고 가능

지아: 4월 2, 3째주 빼고 가능

영선: 4월 2째주 빼고 가능

밍지: 일정 구체적으로 언급되지 않음

대다수의 참가자들이 토요일을 선호하는 것으로 보이므로, 토요일을 선택하는 것이 좋습니다. 가능한 날짜를 비교해본 결과, 4월 4째주 토요일이 대부분의 참가자들에게 적합한 날짜로 보입니다. 따라서, 추천하는 모임 날짜는 "4월 4째주 토요일"입니다.

ChatGPT-4에서는 고급추론 기능이 강화되어 여러 사람이 일정을 정해야 할 경우 기존 버전보다 훨씬 더 뛰어난 답변이 가능합니다. 이 추론 기능을 통해 업무적으로도 미팅 일정 조율 등이 가능합니다.

> **❝ 대화 내용이 너무 많다면?**
> 몇 개월에서 수년간 유지해온 단체톡방의 대화 내용은 텍스트의 양이 너무 많을 것입니다. 해당내용을 모두 적용한다고 해도 ChatGPT에서는 가용범위를 넘어서는 텍스트에 대해 결과를 제공하지 않습니다. 그래서 새로운 오픈채팅방을 추가로 개설하고 일정과 관련한 내용 위주로 대화하면 좀 더 일정과 관련된 내용 위주로 적당한 양의 텍스트를 취합할 수 있습니다. 또는 기존 대화 내용 중에서 일정이 언급되는 시점부터만 저장하여 사용하는 것도 좋습니다.

실습해보기 _ 예제 2

ChatGPT의 고급추론을 스케줄링 업무에 활용하여 강사 배치에 적용해 보도록 하겠습니다.
구글 폼과 같은 더욱 정확하게 취합하는 방법도 있지만, 해당 기능을 잘 활용하지 못하는 경우를 감안하여 사용해 보겠습니다. 예제1에서와 같이 카카오톡의 [대화 내보내기]를 통해 실행해 보았습니다.

 카카오톡 대화
저장한 날짜 : 2023-03-

─────────── 2023년 3월 ───────────
[운영자] [오후 1:41] AI중학교 1일 특강 수업 강사 모집합니다.
수,목 1~4교시 / [○○과목 동일]
수:1학년 4개반, 목:2학년 4개반
각 반 주강사1,보조강사1

[A강사] [오후 1:41] 수 주강 가능합니다.
[B강사] [오후 1:42] 수목, 주강가능합니다.
[C강사] [오후 2:07] 주강가능합니다.
[D강사] [오후 2:30] 주,보조 모두 가능합니다.
[E강사] [오후 2:39] 목 하루 보조가능합니다.
[F강사] [오후 2:40] 수목, 오전 보조가능합니다.
[G강사] [오후 2:40] B수업 주강가능합니다.
[H강사] [오후 2:54] 수목 보조 가능합니다.
[I강사] [오후 2:55] A수업 주강가능합니다
[J강사] [오후 2:55] 양일 보조 가능합니다.

각 반에 주1,보조1로 배치를 합니다.
하루의 1~4교시 강사 동일해야함
가능한 일정에 한해 주,보 1번씩은 배치하도록
당일은 겹치면 안되지만 다른 요일은 겹쳐도 됨

해당 일정에 맞는 강사들을 배치하는 시간표를 만들어줘
표기형식 – 주(a강사), 보(b강사) 또는 주(공석) b(공석)

주어진 조건에 따라 수요일과 목요일의 각 교시별 강사 배치를 아래와 같이 제안합니다.

수요일 (1학년 1~4교시):
1반 – 주(A강사), 보(F강사)
2반 – 주(B강사), 보(J강사)
3반 – 주(I강사), 보(H강사)
4반 – 주(D강사), 보(공석)

목요일 (2학년 1~4교시):
1반 – 주(C강사), 보(E강사)

2반 - 주(G강사), 보(F강사)
3반 - 주(D강사), 보(J강사)
4반 - 주(B강사), 보(H강사)

이 시간표는 주어진 강사들의 가능한 일정과 조건에 맞추어 배치되었습니다. 하루의 1~4교시 동안 강사는 모두 동일합니다. 각각의 강사들은 주강사와 보조 강사로 가능한 한 많이 배치되었습니다. 이 시간표에 따르면, 수요일과 목요일에 겹치지 않고 다른 요일에 겹쳐도 되는 조건에 맞춰 강사들이 배정되었습니다.

 강사별 출강 횟수를 정리해줘

 강사별 출강 횟수는 다음과 같습니다:

A강사: 주1회 (총 1회)
B강사: 주2회 (총 2회)
C강사: 주1회 (총 1회)
D강사: 주2회 (총 2회)
E강사: 보1회 (총 1회)
F강사: 보2회 (총 2회)
G강사: 주1회 (총 1회)
H강사: 보2회 (총 2회)
I강사: 주1회 (총 1회)
J강사: 보2회 (총 2회)

각각의 강사들이 주강사와 보조 강사로 최대한 고르게 배치되었습니다

스케줄링을 요청할 때 강조한 부분처럼 참고해야 할 부분에 관한 내용을 정해서 요구해야 다양한 경우의 수를 출력할 때 좀 더 정확한 결과를 빠르게 출력합니다. 대화로 이루어진 내용이라 주강사를 '주강'으로 표현한 경우도 있는데 ChatGPT는 이것 또한 잘 추론해서 인식한 것을 확인할 수 있습니다. 이 자료를 토대로 구글시트를 활용하여 정리하면 사전 작업에 대한 시간을 줄이고, 더욱 효과적으로 스케줄을 관리할 수 있을 것입니다.

확장하기

ChatGPT는 많은 내용을 요약하는 것도 잘하기 때문에 회의록 작성에 사용하기에 적합합니다. 추가로 클로바노트(CLOVANote)는 음성을 텍스트로 변환해 주는 기능이 뛰어나고, AI요약 기능은 긴 음성내용에 대한 텍스트 요약 기능을 제공하고 있습니다. 이 두 프로그램을 함께 사용하면 클로바노트를 통해 장시간의 회의 내용를 적는 수고를 줄이고, ChatGPT의 텍스트 입력량의 한계를 극복할 수 있습니다.

> **❝ 클로바노트가 무엇인가요?**
> 클로바노트는 음성 인식 기술과 자연어 처리 기술을 활용하여 음성을 자동으로 텍스트로 변환하고, 변환된 텍스트를 효율적으로 검색하고 관리할 수 있는 서비스입니다. 소규모 회의나 인터뷰 상황에서 녹음된 음성을 텍스트로 변환하여, 나중에 다시 확인하거나 필요한 정보를 추출하기 쉽게 해주는 것이 특징입니다. 이를 통해 녹음된 정보를 놓치지 않고 효율적으로 활용할 수 있습니다.

따라하기	
1 https://clovanote.naver.com/ 사이트에 접속합니다.	
2 네이버 사용자에게 제공하는 서비스이기 때문에 네이버 회원가입 후 로그인합니다.	
3 클로바노트에서 텍스트를 추출하기 위해서는 왼쪽 상단의 [새노트만들기]를 클릭하고 녹음한 음성파일을 업로드 합니다. 음성변환은 월 300분을 무료로 제공합니다. ❝ 지원하는 음성파일을 확인하세요. m4a,mp3,acc,amr,wav 파일을 지원합니다.	
4 또는 클로바노트 앱에서 [+] 버튼을 클릭하고 처음부터 회의를 녹음하여 사용할 수도 있습니다. ※ 작업한 내용은 동일 계정 접속 시 데스크톱과 앱에서 모두 확인이 가능합니다.	

5 왼편에는 음성기록 부분에 전환된 전체 텍스트를 확인할 수 있고, 오른편에는 주요키워드들과 AI요약으로 요약된 내용을 확인할 수 있습니다.

> 💬 현재 AI요약기능은 월 15회 무료 횟수를 제공하고 있습니다.

클로바노트에서 요약된 내용을 복사하여 ChatGPT에서 한 번 더 회의록 형식으로 변환해보도록 하겠습니다.

 AI 요약
AI가 생성한 요약은 어떠셨나요?
00:00
포트폴리오를 제출하라고 하면 막막함
사람이 디자이너 개발자와 협업을 함
인공지능 툴로 협업을 하면 고문처럼 놓고 할 수도 있음
인공지능 툴을 활용해서 만들면 좋을 것 같음
(중략)
요즘에는 교육을 좋아하는 실버 세대가 많음
어린아이들은 배움이 입시 교육 위주로 할 것도 많음
(중략)

이 내용을 토대로 회의록으로 정리해줘

 요약:

인공지능과 협업하여 포트폴리오 제작을 고려 중.
책 "인공지능 비서와 협업하기"와 "인공지능 실전에서 사용하기"를 추천받음.
예제 수와 일정을 조정하여 한 달 안에 완성하고자 함.
일론 머스크 재단의 가정용 로봇 프로젝트 언급.
클로바를 이용해 음성 녹음을 텍스트로 변환하며 회의록을 작성하는 방법 사용.
노년층 교육에 대한 관심 증가 및 어린이들의 입시 교육 위주의 문제 제기.

회의록:

1. 포트폴리오 제작에 인공지능 툴 사용을 고려 중이며, 디자이너와 개발자와의 협업을 계획함.
2. 인공지능 비서와 협업을 통해 업무를 진행할 계획임.
3. "인공지능 비서와 협업하기"와 "인공지능 실전에서 사용하기" 책을 추천받음.
4. 한달 안에 프로젝트 완성을 목표로 하며, 예제 수를 줄여 계획을 조정함.
5. 일론 머스크 재단의 가정용 로봇 프로젝트를 언급함.
6. 회의록 작성 시, 클로바를 활용하여 음성 녹음을 텍스트로 변환하는 방법을 사용함.
7. 노년층 교육에 대한 관심이 증가하는 반면, 어린이들은 입시 교육 위주의 문제가 있다는 것을 제기함.

PART 05

취업, 창직 분야

ChatGPT와 Notion으로 입사 지원하기
ChatGPT로 '나'의 역량을 담은 자소서와 면접 준비하기
ChatGPT로 홍보 글 쓰고 랜딩페이지 만들기
ChatGPT로 온라인 쇼핑몰 운영하기

01 ChatGPT와 Notion으로 입사 지원하기

핵심 키워드	#ChatGPT #이력서 #입사하기 #사회초년생 #노션(Notion)	레벨 ★★☆☆☆

| 실습 목표 | • ChatGPT에서 경력 기술 하는 방법을 살펴보고, 적절한 양식을 선택할 수 있다.
• 노션(Notion)에서 템플릿을 이용해서 자신의 경력을 기술할 수 있다.
• 자신의 역량과 경험을 명확하게 서술할 수 있는 페이지를 만들어 공유할 수 있다. | 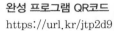 완성 프로그램 QR코드
https://url.kr/jtp2d9 |

시작하며

경력 기술이란 자신의 경력을 적절한 방법으로 기술하여 상대방에게 전달하는 것입니다. 이는 이력서, 자기소개서, 인터뷰 등 다양한 상황에서 필요합니다. 경력 기술은 자신의 역량과 경험을 증명하는 데 중요한 역할을 합니다. 즉, 자신이 어떤 경험과 역할을 수행해왔는지를 명확하고 구체적으로 전달함으로써, 상대방에게 자신의 역량과 경쟁력을 보여줄 수 있습니다. 이를 통해 자신의 목표에 맞는 일자리를 찾거나, 진로에 대한 방향성을 찾는 데 도움을 줄 수 있습니다.

생각정리하기

경력 기술서를 잘 작성하기 위해서는 다음과 같은 요소들을 고려해야 합니다.

❶ 핵심 업적	자신의 역량과 경쟁력을 강조할 수 있는 핵심적인 성과와 업적에 초점을 맞추는 것이 좋습니다.
❷ 정보 제공	그동안의 경험을 전달할 수 있도록 근무한 회사나 기관의 이름, 근무 기간, 직책 등 구체적인 정보를 제공합니다.
❸ 요약	누가 보더라도 쉽게 그동안의 경험을 요약하여 전달하면 독자가 쉽게 파악할 수 있습니다.
❹ 양식	텍스트로만 작성하지 않고, 표나 리스트 형식으로 작성하는 등 적절한 양식을 사용하는 것이 좋습니다.
❺ 자기 PR	자신의 경력을 기술할 때, 자신이 어떤 역할을 했는지, 어떤 성과를 이뤘는지, 어떤 기술을 사용했는지 등 자신이 능력 있는 인재임을 강조하는 것이 좋습니다.

실습해보기 _ 예제 1

약력을 수정해야 하는 대상은 다양합니다. 새로운 직장을 찾거나 진로 전환을 위해 자신의 경력을 다시 정리하고자 하는 사람들이 해당됩니다.

예를 들어, 사회초년생은 취업 시장에 진입한 지 얼마 되지 않은 새로운 직장인을 의미합니다. 이들은 경력이 짧아 약력이 부족하거나, 이전 직장에서의 경험이 현재 직무와 연관성이 적어 수정할 필요가 있는 경우가 많습니다. 그래서 약력을 수정하여 자신의 역량과 경쟁력을 강조할 필요가 있습니다. 약력을 수정함으로써, 다음 직장에서 원하는 일자리를 얻거나, 자신의 진로에 대한 방향성을 찾을 수 있습니다.

또 경력단절 여성은 일정 기간 직장에서 일하지 않았거나, 가사노동 등으로 인해 경력이 끊긴 경우를 말합니다. 이들 역시 경력을 수정할 수 있는 대상입니다. 경력단절 여성은 이전의 경력을 최신화하거나, 새로운 분야에서의 경력을 추가하여 이력서를 작성할 수 있습니다. 또한, 관련 교육과정을 수료하거나, 자격증을 취득하는 등의 활동을 통해 자신의 경쟁력을 높일 수 있습니다.

 내 나이 27살이고, 디자인을 전공했어. 산업디자인을 전공해서 주로 패키지디자인 기획을 하고 있어. 때로는 로고 디자인도 하고, 명함이나 리플렛디자인도 하고 있어. 아직 익숙하지는 않지만 열심히 배우고 있어. 직장 다닌 지는 3년 정도 지났고, 매일 야근이 힘들어 이직하고 싶어. 내가 이력서를 넣으려는 회사는 프레젠테이션 업무를 추가로 해야 하지만 출퇴근 시간이 규칙적이기 때문에 이 회사에 입사 지원을 하려고 해. 경력 기술서를 작성할 수 있도록 도와줘

 디자인 분야 경력 기술서 작성 가이드입니다.
1. 소개
 • 이름, 연락처, 이메일 등의 개인 정보와 함께 자기소개서에서 강조하고 싶은 포부나 자신의 디자인 철학 등을 간단하게 소개합니다.
2. 경력 사항
 • 최신순으로 근무한 회사, 직위, 근무 기간을 나열합니다. 이 과정에서 각 경력에서 수행한 주요 프로젝트와 그에 따른 성과, 역할 등을 자세하게 서술합니다.
 • 예를 들어, "A회사 (2019.01 ~ 2022.02)"
  – 담당 업무 : 패키지디자인 기획 및 디자인
  – 주요 프로젝트 : 제품 런칭 전략 수립 및 패키지 디자인 기획 / 제품 패키지 디자인 및 광고물 제작
  – 성과
3. 기술/스킬
 • 자신이 보유한 디자인 기술 및 전문 분야, 디자인 프로그램 활용 능력 등을 나열합니다.
 • 예를 들어, "기술/스킬 : 패키지디자인 기획, 로고 및 명함 디자인, Adobe Photoshop/Illustrator/InDesign 활용 가능"

(중략)

ChatGPT에서 가이드해준 정보를 독자의 상황과 관점에 맞게 정리해야 합니다. 나열된 가이드의 내용이 장황하거나 파악이 되지 않을때는 ChatGPT에게 한 번 더 요약하거나 자료 정리를 요청합니다.

가이드해준 정보로 내 상황과 관점에 맞게, 노션 사이트에 만들 자료를 정리해줘

 1. 개인 정보
- 이름: [독자 이름]
- 나이: 27세 (만 25세)
- 학력: [학력 기입]

2. 경력 사항
- 회사: [현재 근무 중인 회사]
- 직책: 패키지 디자이너
- 근무 기간: 3년
- 담당 업무: 패키지 디자인 기획, 로고 디자인, 명함 및 리플렛 디자인 등
- 업적 및 성과: [독자가 주장할 수 있는 업적 및 성과 기입]

3. 지원하는 회사의 요구 사항에 대한 이력 기술
- 지원 회사: [지원하는 회사 이름]
- 지원 부문: [프레젠테이션 업무 관련 부문 이름]
- 이력서에서 강조할 부분: 프레젠테이션 디자인 관련 경력 및 역량 강조, 출퇴근 시간 규칙적인 근무 가능성 강조

(중략)

일목요연하게 정리된 항목을 바탕으로 노션에서 경력 기술 페이지(또는 이력서)를 만들어 봅니다.

실습해보기 _ 예제 2

따라하기
1 노션은 로그인 후 사용이 가능합니다. 

2 시작 화면에서 왼쪽 카테고리에서 [템플릿]를 눌러 만들고 싶은 템플릿 레이아웃을 추가합니다.

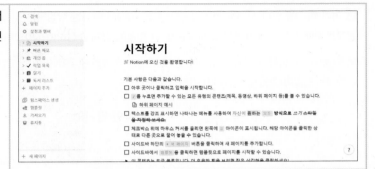

3 왼쪽 카테고리에서 [라이프] – [입사지원서] 템플릿을 선택합니다.
또는 [이력서] 템플릿을 선택합니다.

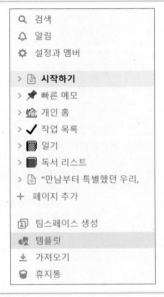

4 노션의 입사지원서 템플릿 페이지는 일반적인 지원서 양식과 비슷하지만, 노션의 다양한 기능을 활용하여 보다 직관적이고 효율적인 지원서 작성이 가능합니다.
지원하고자 하는 회사명, 지원단계, 직책, 마감일, 직책별 최신 이력서와 자기소개서를 첨부할 수 있습니다.
[새로 만들기]를 눌러 앞서 ChatGPT에서 요약한 〈예제 1〉내용을 독자의 상황에 맞게 수정하여, 요약한 이력사항을 토대로 지원서를 작성합니다.

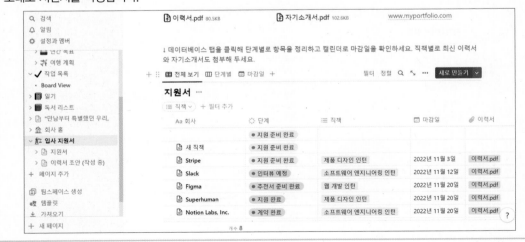

5 여러 회사에 입사 지원을 하면서 각각 다른 이력서 양식을 작성하는 것은 매우 힘든 일입니다. 이 경우, 템플릿 형태로 이력서를 작성하여 필요한 부분을 각 회사에 맞게 수정하는 것이 좋은 방법입니다.

예를 들어, 각 회사의 이력서 양식에 맞게 섹션을 추가하거나 제거할 수 있습니다. 지원한 모든 회사의 정보를 한눈에 볼 수 있어 효율적인 관리가 가능합니다.

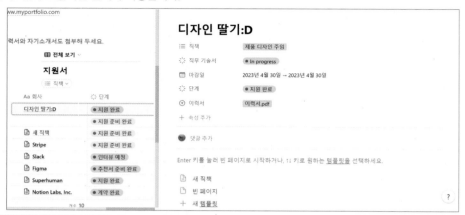

6 노션 AI기능은 [스페이스 키], 명령어는 '/' 입력을 눌러 새로운 페이지에 경력 사항을 정리합니다.

각 회사에 지원한 날짜, 지원 분야, 지원한 회사명 등의 정보를 저장하고 관리할 수 있습니다.

7 우측 상단 을 눌러 [내보내기] – [PDF] 파일로 사용할 수 있습니다.

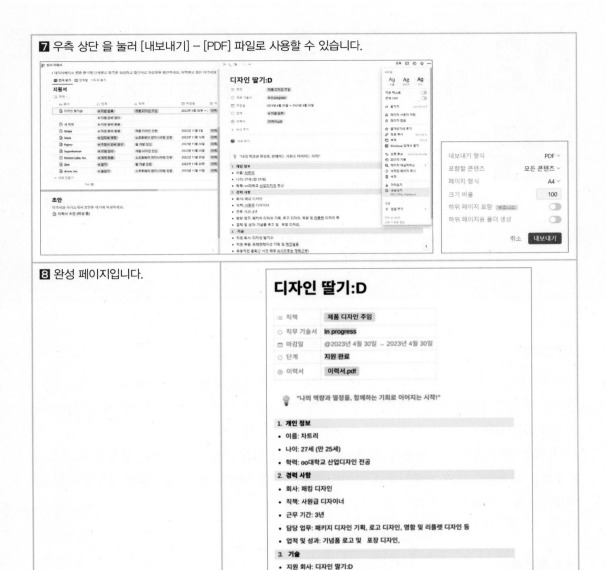

8 완성 페이지입니다.

디자인 딸기:D

☰ 직책	제품 디자인 주임
⚙ 직무 기술서	In progress
🗓 마감일	@2023년 4월 30일 ~ 2023년 4월 30일
⚙ 단계	지원 완료
◎ 이력서	이력서.pdf

💡 "나의 역량과 열정을, 함께하는 기회로 이어지는 시작!"

1. 개인 정보
- 이름: 차트리
- 나이: 27세 (만 25세)
- 학력: oo대학교 산업디자인 전공

2. 경력 사항
- 회사: 패킹 디자인
- 직책: 사원급 디자이너
- 근무 기간: 3년
- 담당 업무: 패키지 디자인 기획, 로고 디자인, 명함 및 리플렛 디자인 등
- 업적 및 성과: 기념품 로고 및 포장 디자인,

3. 기술
- 지원 회사: 디자인 딸기:D
- 지원 부문: 프레젠테이션 기획 및 제안발표
- 유동적인 출퇴근 시간 희망 (6시이후는 재택근무)

※노션의 기본기능 참고 [7–2_ChatGPT로 프로모션 페이지 만들기]

02 ChatGPT로 나의 역량을 담은 자소서와 면접 준비하기

핵심 키워드 #ChatGPT #자기소개서 #모의면접 #사회초년생 #경력단절여성   레벨 ★★☆☆☆

실습 목표
- ChatGPT에서 자기소개서 작성 시 어떤 내용을 포함해야 하는지, 적절한 문장 구성이나 표현 방법 등에 대한 조언을 제공받을 수 있다.
- ChatGPT에서 작성 조언을 참고하되, 자신만의 개성과 독창성을 더해 작성하는 것이 중요함을 안다.
- 자신이 어떤 직무를 맡을 것인지, 회사에서 어떤 사람으로 인식될 것인지 참고하여 ChatGPT를 유용하게 사용할 줄 안다.

시작하며

자기소개서는 자신에 대한 정보와 경력, 역량, 성격, 특기 등을 소개하는 기술서입니다. 즉, 자기소개서는 일종의 자기PR이며, 자신이 지원하는 회사나 학교에 대해 적극적으로 알아보고 그에 맞게 작성해야 합니다.

모의 면접이란, 실제 취업 면접과 유사한 형식으로 진행되는 연습 면접입니다. 일반적으로 면접을 준비하는 사람들은 모의 면접을 통해 자신이 준비한 면접 대답을 연습하고, 면접 상황에서 실제로 마주치게 될 질문과 상황에 대처하는 방법을 연습합니다.

생각정리하기

'나'의 역량을 잘 담은 자소서와 면접을 준비하기 위해 다음과 같은 사항을 준비해야 합니다.

❶ 자기소개서	• 자신의 경력, 학력, 기술 및 역량 등을 체계적으로 정리합니다. • 회사의 채용 공고나 업무 내용을 분석하여, 자신이 회사에 어떻게 기여할 수 있는지 생각합니다. • 중요한 경험과 성과를 선별하고, 해당 경험에서 얻은 교훈과 핵심 역량을 강조합니다.
❷ 모의면접	• 자신의 경력과 역량, 회사와 관련된 질문에 대해 연습하며, 면접관이 던질 가능성이 높은 질문에 대비합니다. • 면접을 진행하는 회사의 정보를 파악하고, 질문에 대한 답변을 회사의 비전, 미션, 업무 내용 등과 연계하여 준비합니다. • 적극적으로 자신을 어필하는 답변을 준비하되, 과장되거나 거짓말을 하지 않도록 주의합니다.

실습해보기 _ 예제 1

자기소개서는 취업, 입학, 인턴십 등 다양한 목적에 맞게 레이아웃을 만들 수 있습니다. 목적에 맞게, 레이아웃을 깔끔하고 통일감 있게 작성하는 것이 좋습니다.

 나는 패션을 좋아하는 취미 부자야. 새로운 물건을 사는 것을 좋아해서 탕진잼이 있긴 하지만 이를 바탕으로 마케팅이나 MD을 해보고 싶어. 우선 자기소개서에 뭐라고 적으면 좋을까?

 안녕하세요, 저는 패션을 좋아하는 취미 부자입니다. 새로운 아이템을 구매하고 스타일링하는 것을 즐기며, 이를 통해 패션 트렌드와 새로운 브랜드에 대한 관심을 가지고 있습니다. 또한, 패션 산업에서의 마케팅 및 MD에도 관심이 있어, 이 분야에서 경력을 쌓고자 하는 계획입니다. 제 열정과 노력으로 패션 산업에서 성장하고 발전하는 기업의 일원이 되고 싶습니다.

이렇게 "나는 (   )이런 사람이야" 라고 소개한 뒤 자기소개서에 쓸만한 자신만의 개성과 강점을 적고 자기소개서의 상세 항목에 관한 질문을 합니다. ChatGPT는 여러 가지 상황별 어울리는 문구와 아이디어를 제시해줍니다. 이를 바탕으로 마케팅회사에 입사 지원할 자기소개서를 항목별로 세분화해서 정리해봅니다.

 나는 **백화점 마케팅팀에 지원할 자기소개서가 필요하고, 학력과 경력, 나의 강점 등을 적어야하는데 어디서부터 적어야할지 모르겠어. 항목으로 구분해서 알려줘.

 1. 제목: "**백화점 마케팅팀 입사 지원서"
2. 인사말: 적극적이고 열정적인 자신을 어필할 수 있는 문장을 작성합니다. 예를 들면, "안녕하세요, 적극적이고 열정적인 마케터 지망생입니다. 저는 **백화점 마케팅팀에서 함께 일하고 성장하고 싶습니다."
3. 학력: 학력 정보를 작성합니다. 최근 것부터 시작해서 고등학교 이상의 학력을 모두 포함하여 적습니다. 각 학교, 전공, 졸업 여부 등을 기재합니다.
4. 경력: 이전 직장이나 인턴십 등 경력에 대한 정보를 작성합니다. 최근 것부터 시작해서 직무, 근무 기간, 성과 등을 기재합니다.
5. 강점: 자신이 가지고 있는 강점을 적어서 어필합니다. 예를 들면, "저는 커뮤니케이션 능력이 뛰어나며, 문제 해결 능력과 분석 능력이 높습니다. 또한 적극적으로 일에 임하고 빠르게 적응할 수 있습니다."
6. 마무리: 최종적으로 "저의 열정과 노력으로 롯데백화점 마케팅팀에서 함께 일하고 성장하겠습니다" 와 같은 마무리 문장을 작성합니다.
(중략)

ChatGPT에서 알려준 순서대로 작성하면서, 자신을 최대한 어필할 수 있는 내용을 적어보면 좋습니다. 자기소개서에서 강조할 부분을 기술하기 어려우면 한 번 더 그 항목에 대해서 질문하고 아이디어를 얻는 것도 좋습니다.

5번 강점 항목을
나의 강점은 항상 새로운 것에 대한 도전적인 정신이 강하고, 유행에 민감해서 남들이 하는건 다해보고 싶어. 남들은 패완얼이라고 하지만 나는 진짜 패완나(패션의 완성은 나)라고 생각하는 자부심이 있거든... 이걸 강점으로 살려서 적고 싶은데, 100자로 작성해줘

 제 강점은 항상 새로운 것에 도전적인 정신과 유행에 민감한 감각입니다. 다른 사람들이 하는 것을 따르는 것이 아니라, 자신만의 스타일을 만들어내는 것을 즐기며 패션의 완성은 나 자신이라고 자부합니다. 이를 바탕으로 항상 새로운 아이디어와 창의적인 시도를 통해 패션 분야에서 새로운 성과를 이루어내고자 노력하고 있습니다. 제 열정과 자부심을 바탕으로 **백화점 마케팅팀에서 함께 일하고 성장하고 싶습니다.

〈중략〉

또한, 중요한 내용은 꼭 강조해서 적어야 하며, 문장이나 단락은 길지 않게 작성하는 것이 좋습니다. 마지막으로, 자기소개서를 작성할 때 오타나 문법 오류가 없도록 꼼꼼하게 체크하는 것이 중요합니다.

실습해보기 _ 예제 2

면접의 목적은 지원자를 평가하고 적합성을 판단하는 것입니다. 지원자의 전반적인 역량과 능력, 성격, 경험, 목표 등을 면접을 통해 파악하여, 해당 직무나 학교에 적합한 인재인지를 판단합니다. 면접은 지원자의 이력서와 자기소개서를 보완하여, 더욱 다양한 정보를 수집하고 평가할 수 있습니다. 면접을 통해 지원자의 직무 역량, 대인관계 능력, 문제 해결 능력, 의사소통 능력, 리더십 등을 평가할 수 있으며, 이를 토대로 최종 합격 여부를 결정합니다.

면접을 준비하기 위해서는 지원자의 학습 동기와 목표, 개인적인 경험 및 역량, 성취와 희망 등을 알아보고, ChatGPT를 통해 사전 면접 내용을 예측해보고 준비해 보도록 합시다.

 서울대 합격생 면접비결 알려줘

 서울대 합격 면접은 지원자의 학업, 인성, 자기소개 등 다양한 면에서 평가됩니다. 이에 따라, 면접 준비에 대한 비결은 다음과 같습니다.

1.자기소개 준비
- 자신의 경험과 역량, 성취 등을 명확하게 정리하고, 이를 자신감 있게 전달할 수 있도록 연습합니다.
- 면접에서는 자신의 경험을 예시로 들어서 설명할 수 있어야 합니다. 따라서, 자신의 경험을 기반으로 문제를 해결하는 과정 등을 생각하고 연습해봅니다.

〈중략〉

면접에서 특정 분야나 직무에 대해 물어볼 수 있는 전문적인 질문들이 있을 수 있으며, 이는 해당 분야나 직무에 대한 전문적인 지식과 경험을 바탕으로 대비해야 합니다. 막연하지만 해당 기관의 정보가 부족할시 ChatGPT의 도움을 받아도 좋습니다.

사실 서울대까지는 힘들 것 같고, 서울권에 있는 데이터사이언스, 인공지능, 데이터과학과 같은 학과가 있는 대학교를 알려줄래?

네, 데이터사이언스, 인공지능, 데이터과학 등과 관련된 학과가 있는 대학교 중 일부를 알려드리겠습니다. 이는 모두 서울 권역에 위치한 대학교입니다.

1. 한양대학교 에리카캠퍼스
- 빅데이터경영통계학과
2. 경희대학교
- 빅데이터경영학과
- 데이터사이언스학과

〈중략〉

경희대학교 빅데이터경영학과에 관심이 가는군. 예상 면접 질문을 뽑아줄래?

경희대학교 빅데이터경영학과의 면접에서 물어볼 수 있는 예상 질문 목록은 아래와 같습니다.
- 경영학과 빅데이터 전공을 선택한 이유는 무엇인가요?
- 현재까지 공부하며 어떤 빅데이터와 관련된 프로젝트를 진행했나요?
- 데이터 분석에 있어서 최근에 관심 있는 분야나 기술은 무엇인가요?
- 빅데이터 분석을 위한 데이터 전처리 과정에서 어떤 문제를 겪었나요? 이를 어떻게 해결했나요?

〈중략〉

면접에서 가장 중요한 점은 진솔하게 답변하는 것입니다. 지원자가 자신의 경험과 역량에 대해 자신감 있게 이야기하는 것이 중요합니다. 자신이 어필하고 싶은 포인트를 미리 정리해두고, 면접에서 자연스럽게 이야기할 수 있도록 연습해두는 것도 좋은 방법입니다.

03 ChatGPT로 홍보 글 쓰고 랜딩페이지 만들기

핵심 키워드	#ChatGPT #카피문구 #랜딩페이지 #Waveon #노코드	레벨 ★★★☆☆
실습 목표	• ChatGPT를 활용하여 서비스 및 제품을 소개할 홍보 글과 카피문구를 만들 수 있다. • 노코드(No-code) 툴인 Waveon을 이용하여 랜딩페이지를 만들 수 있다.	

시작하며

ChatGPT를 잘 활용한다면 제품, 서비스, 상점 등을 온라인에서 적극적으로 홍보할 수 있습니다. 홍보 글을 목적, 타겟에 맞게 작성하여 사람들의 관심을 끌어볼 수 있고, 노코드(No-code) 방식의 툴을 사용하여 사용자 친화적인 랜딩페이지를 디자인하여 모바일과 데스크톱 사용자 모두에게 정보를 제공할 수 있습니다. 홍보를 위한 매력적인 콘텐츠를 만들어야 할 때 ChatGPT와 함께 협업하여 작성이 가능합니다.

> ❝ 노코드(No-code) 플랫폼 및 도구는 코드를 작성하지 않고도 애플리케이션, 웹사이트, 프로토타입 등을 구축할 수 있게 해주는 기술입니다. 프로그래밍 경험이 없는 사용자도 손쉽게 애플리케이션을 개발할 수 있고 개발 시간이 크게 단축되어 비용을 절감할 수 있습니다. 빠른 프로토타입 개발과 반복적인 테스트를 통해 제품이나 서비스를 빠르게 출시할 수 있는 장점이 있습니다.

생각정리하기

❶ 목표 설정	홍보 콘텐츠 목표를 설정하세요. 예를 들어, 예약 증가, 인지도 향상, 특별 이벤트 홍보 등이 될 수 있습니다.
❷ 타겟 선정	숙박 시설을 이용할 가능성이 있는 타겟의 특성과 관심사를 파악하세요. 이를 통해 관심을 가질 만한 내용을 제공할 수 있습니다.
❸ 콘텐츠 형식 결정	홍보 콘텐츠 형식을 결정합니다. 예를 들어, 소셜 미디어 게시물, 블로그 글, 프로모션 동영상, 이메일 뉴스레터, 랜딩페이지 등이 있습니다.
❹ 메시지 구성	독특한 특징과 매력을 강조하는 메시지를 구성하고 소비자가 관심을 가질 만한 내용을 포함해야 합니다.

실습해보기

자 그러면 스테이시소 한옥 숙박 관련 홍보 콘텐츠를 작성을 예시로 진행해봅시다. 네이버에서 어떻게 소개하고 있는지 확인해 봅니다.

네이버지도(https://map.naver.com/)에서 [스테이시소]를 검색합니다. 이곳에서 홍보중인 내용을 복사하고 ChatGPT에게 전달하여 기본정보를 학습시킵니다.

세계문화유산 도시, 안동의 중심 태화동에는 [스테이시소]가 있습니다. 한옥 고유의 아름다움을 간직한 아늑한 공간으로서 삶의 균형을 이루어가는 독채 한옥 숙소입니다. 볕이 좋은 날이면 마당의 나무 테이블에 앉아 브런치를 즐기고 하루의 마무리로는 자쿠지에서 정원을 바라보며 차 한 잔과 함께 삶의 피로를 씻어보세요. 스테이시소가 품은 따뜻함에 몸을 맡기고 잠시 쉬다 가길 바랍니다.

· 숙소 소개

기준 2인(최대 4인), 아이 동반 가능(반려동물X), 실내 자쿠지, 취사 불가능(배달, 전자레인지 사용 가능)

· 입실 : 오후 3시, 퇴실 : 오전 11시

(중략)

이 글을 분석하여 예약율을 높일 수 있는 핵심 메세지 3개를 선정해줘 분석을 통해 예약율을 높일 수 있는 핵심 메시지 3개는 다음과 같습니다.

아늑한 독채 한옥 숙소: 스테이시소는 한옥 고유의 아름다움을 간직한 독채 한옥 숙소로, 삶의 균형을 이루어가는 아늑한 공간을 제공합니다. 이 점을 강조하여 고객들에게 독특한 숙박 경험을 기대할 수 있게끔 합니다.

고품격 시설 및 서비스: 스테이시소는 고급 침구, 스탠바이미(넷플릭스, 디즈니, 티빙, 유투브 프리미엄), 제네바 스피커, 네스프레소 커피머신 등편의 시설을 갖추고 있습니다. 이러한 고품격 시설과 서비스를 강조하여 고객들의 만족도를 높일 수 있습니다.

안동의 주요 관광지와의 접근성: 스테이시소는 안동의 시내에 위치해 있어 주요 관광지를 차로 쉽게 이동할 수 있습니다. 이 점을 강조하여 여행객들에게 편리한 여행 경험을 제공할 수 있다는 메시지를 전달합니다.

음 좋아, 각 항목별로 홍보문구, 유도전략, 사용자 예상반응, 홍보매체를 표로 정리해줘

내용이 마음에 들면 칭찬도 해줍니다. 표에 들어갈 항목을 다시 요청할 수도 있으니, 원하는 항목으로 수정해서 다시 입력해 봅니다.

항목	홍보문구	유도전략	사용자예상반응	홍보매체
아늑한 독채 한옥 숙소	"스테이시소에서 전통 한옥의 아름다움을 간직한 독채 한옥에서 휴식을 즐기세요"	소셜미디어, 블로그 등에서 숙소의 분위기와 인테리어를 강조한 사진 및 동영상을 활용	"분위기 있는 한옥 숙소다! 꼭 가보고 싶다"	소셜미디어, 블로그, 이메일 뉴스레터
고품격 시설 및 서비스	"스테이시소에서 고급 침구, 프리미엄 영상 서비스, 커피머신 등 최고의 편의 시설을 경험하세요"	고객 후기 및 숙소 시설에 대한 정보를 공유하여 신뢰도를 높이기	"좋은 시설을 갖춘 숙소다. 기대된다"	소셜미디어, 블로그, 이메일 뉴스레터, 관련 커뮤니티
안동의 주요 관광지와의 접근성	"스테이시소에서 안동의 주요 관광지를 쉽게 찾아갈 수 있는 위치를 즐기세요"	주변 관광지에 대한 정보 제공 및 편리한 교통을 강조	"여행하기 편리한 위치에 있는 숙소다. 안동 여행을 계획해야겠다"	소셜미디어, 블로그, 이메일 뉴스레터, 관련 커뮤니티

이 표를 참고하여 각 항목별로 홍보문구, 유도전략, 사용자 예상반응, 홍보매체를 계획하고 실행해보세요. 이를 통해 예약율을 높일 수 있을 것입니다.

다음으로 랜딩페이지에서 구성할 콘텐츠의 구조와 상세 내용을 정리해 봅시다.

 위의 내용을 중심으로 랜딩페이지를 구성할 때 콘텐츠 구조와 메인카피와 상세 내용을 정리해줘

 메인카피 "스테이시소: 한옥의 정취와 함께 휴식을 즐기다"
이 메인 카피는 스테이시소의 독특한 분위기와 한옥의 아름다움을 강조하며, 휴식과 여유를 찾아올 수 있는 공간임을 전달합니다. 이를 통해 고객들이 스테이시소에서 독특한 한옥 숙박 경험을 기대할 수 있게 됩니다.

랜딩페이지 구성 시, 위의 내용을 중심으로 콘텐츠 구조와 상세 내용을 다음과 같이 정리할 수 있습니다.

1. 히어로 섹션 (Hero Section)
- 대표 이미지 : 한옥 고유의 아름다움과 분위기를 나타내는 사진
- 타이틀 : "스테이시소: 안동에서 휴식을 즐기는 독채 한옥 숙소"
- 서브타이틀 : "아늑한 공간에서 삶의 균형을 이루어가세요"
- 예약 버튼 : "지금 예약하기"

2. 숙소 소개 섹션
- 한옥 독채 숙소의 특징 및 간략한 소개
- 숙소의 아름다운 내부 및 외부 사진

3. 시설 및 서비스 섹션
- 고품격 시설 및 서비스 목록 (침구, 스탠바이미, 제네바 스피커, 네스프레소 커피머신 등)
- 각 시설에 대한 상세 설명 및 사진

4. 주변 관광지 및 접근성 섹션
- 안동의 주요 관광지 소개 (안동찜닭 골목, 갈비골목, 맘모스제과 및 안동 시장, 월영교, 낙강물길공원, 하회마을, 도산서원, 예끼 마을 등)
- 관광지와의 거리 및 교통 정보

5. 고객 후기 섹션
- 기존 고객들의 만족도 및 후기 소개
- 숙소 평점 및 인증된 리뷰 표시

(중략)

각각의 섹션을 구분해주고 강조할 포인트를 알려주었습니다. 그러면 노코드 툴로 이동하여 항목을 정리하면서 랜딩페이지에 입력해봅니다.

따라하기

1 https://www.waveon.io/ 사이트에 접속합니다.

2 [가입하기]를 눌러 회원가입을 진행합니다. [템플릿] 〉 [앱만들기] 〉 [랜딩페이지] 메뉴로 들어갑니다.

3 원하는 랜딩페이지 템플릿을 선택해 봅니다.무료회원은 1개만 세팅이 가능합니다.

4 좌측에는 메뉴 구성항목이 있고, 우측에는 디자인 조절 영역들이 있습니다. 이제부터 홍보 콘텐츠와 이미지를 등록하면서 랜딩페이지를 만들어 봅니다.

5 랜딩페이지는 PC와 모바일 버전의 크기가 다르므로, 각각의 버전에서 이미지 등록 및 텍스트 위치를 조절해야 합니다.

6 모바일 조정까지 완료되었다면 게시하기 버튼을 눌러 해당 주소를 공유할 수 있습니다.

ChatGPT와 함께 콘텐츠를 작성하면서 노코드 랜딩페이지를 만들어 보았습니다. 콘텐츠 작성을 ChatGPT가 도와주고 노코드라는 효율적인 툴로 이제는 비전문가도 쉽게 이해하고 랜딩페이지를 만들 수 있는 시대가 되었습니다. ChatGPT와 노코드 툴의 등장은 디지털 마케팅 및 웹 개발 분야에 변화를 가져올 것이며 이러한 기술 발전에 따른 업무 환경의 변화로 인해 전문가들은 지속적인 학습과 기술 습득이 필요할 것입니다. ChatGPT와 노코드 툴이 제공하는 기회를 최대한 활용하여 지속 가능한 비즈니스 성장을 추구하면서 기술 트렌드의 변화를 지속적으로 모니터링하고, 기술 역량을 강화하는 것이 중요합니다.

04 ChatGPT로 온라인 쇼핑몰 운영하기

핵심 키워드 #ChatGPT #카피라이터 #CS상담 #뤼튼   레벨 ★☆☆☆☆

실습 목표
- 온라인 쇼핑몰 운영에 필요한 업무를 파악할 수 있다.
- ChatGPT를 사용하여 쇼핑몰 업무별 역할을 수행하고, 이를 활용 및 응용할 수 있다.
- 뤼튼(wrtn) AI작문 서비스 활용하여 감각적인 카피를 작성할 수 있다.

시작하며

온라인 쇼핑몰 운영은 레드오션으로 경쟁이 치열하지만, 아직도 무궁무진한 기회의 장이며, 성장 가능성이 큰 시장입니다. 소자본창업의 장점이 있지만, 쇼핑몰 운영에는 많은 부분에서 일인 다역을 소화해야 하는 어려움이 있습니다. 이에 각 파트별로 역할을 수행하기 위해서는 다양하고 세세한 역량이 필요하며, 이를 위해 ChatGPT의 아이디어와 창의력을 활용할 수 있습니다. 추가로 '뤼튼(wrtn.ai)' 사이트를 활용하여 감각적인 카피라이터 기능을 사용해 봅시다.

생각정리하기

ChatGPT를 활용하여 상품 준비, 웹사이트 제작, 고객 서비스, 마케팅 등의 분야에서 다음과 같은 역할을 기대해 볼 수 있습니다.

❶ 브랜딩	로고 및 브랜딩 아이디어를 제공하고, 스토리텔링, 상품별 네이밍 등과 같은 기능을 수행하여 온라인 쇼핑몰 브랜딩을 도와줄 수 있습니다.
❷ 상품 준비	시장 트렌드 분석, 상품 선정, 품질 관리, 상품 설명 작성 등 다양한 역할을 수행할 수 있습니다. 특히 상품 설명을 자동으로 생성할 수 있어 보다 효율적으로 쇼핑몰을 운영할 수 있습니다.
❸ 웹사이트 제작	사용자 경험 개선, 디자인 개발, 콘텐츠 관리, 검색 엔진 최적화 및 보안을 제공합니다. ChatGPT는 사용자 행동 분석, 아이디어 제공, 자동 생성 및 보안 취약점 분석 등을 수행하여 웹사이트를 개선하고 보호할 수 있습니다.
❹ 고객 서비스	자주 묻는 질문 작성 및 고객 문의 대응, 반품 및 교환 정책 수립, 리뷰 분석 및 피드백 제공, 그리고 쇼핑몰 커뮤니티 운영 방법을 제안하여 고객 만족도와 서비스 품질을 개선할 수 있습니다.

❺ 마케팅	타겟 고객층에 맞는 광고 캠페인 기획 및 실행 방법 제안, 소셜 미디어 활용 방안 제안, 이메일 마케팅을 위한 이메일 템플릿 제안 등 다양한 마케팅 전략을 제공합니다. 또한, 쿠폰 및 이벤트 기획 방법 제안과 마케팅 결과 분석 및 보고서 작성 방법을 제공하여 고객의 비즈니스 성과 향상을 지원합니다.

실습해보기 _ 예제 1

ChatGPT를 활용하여 온라인 쇼핑몰 브랜딩, 상품 준비, 웹사이트 제작, 고객 서비스, 마케팅 등 각 파트별 예시를 알아보겠습니다.

〈브랜드 네이밍〉
30,40대 타겟의 여성전문 온라인 쇼핑몰에 어울리는 쇼핑몰 이름 5개를 추천해주세요
쇼핑몰 컨셉은 깔끔함, 심플, 세련, 모던, 베이직, 화려하지 않은 고급스러움, 입니다.

여성전문 온라인 쇼핑몰 이름 추천 드립니다.

뮤즈 (Muse)
모더니카 (Modernica)
블랑 (Blanc)
루미나스 (Luminas)
미니멀 (Minimal)

〈브랜드 스토리〉
쇼핑몰의 이름을 루미나스 로 정하고 브랜드의 스토리를 만들어줘.
빛나는 여성의 품위, 실용성을 강조, 내면의 강인함 등의 내용을 담아서

루미나스(Luminas)는 라틴어에서 빛을 의미하는 'lumen'에서 영감을 받았습니다. 우리 브랜드는 여성들이 빛나는 존재로 느껴질 수 있도록 지원하고자 합니다. 우리는 여성들이 품위 있게 자신만의 스타일을 완성할 수 있도록 다양한 실용적인 옷을 제공하며, 동시에 내면의 강인함을 추구하고자 합니다. 루미나스는 이러한 가치를 담아, 여성들의 자신감과 아름다움을 빛내는 브랜드가 되겠습니다.

〈제품 네이밍〉
봄옷 신상품 라인상의 블라우스 5벌에 대한 네이밍을 해주세요.

벚꽃잎 블라우스 (Cherry Blossom Blouse)
봄바람 블라우스 (Spring Breeze Blouse)
화이트 포레스트 블라우스 (White Forest Blouse)
봄비 블라우스 (Spring Rain Blouse)
라일락 블라우스 (Lilac Blouse)

〈상품소개 문구〉

벚꽃잎 블라우스 (Cherry Blossom Blouse) 에 대한 상품 소개 글을 작성해주세요
: 소재 - 쉬폰, 착용감 - 부드러움, 핏 - 루즈핏, 분위기: 여성스러움
등의 내용을 담아주세요.

벚꽃잎 블라우스 (Cherry Blossom Blouse)는 쉬폰 소재로 제작되어 부드러운 착용감을 자랑합니다. 루즈한 핏으로 여성의 몸매를 감싸주며 우아하면서도 여성스러운 분위기를 연출합니다. 살랑이는 소매와 플로럴 패턴의 디자인이 벚꽃잎을 연상시키며, 봄의 시작을 알리는 신상품 라인 중 하나입니다. 다양한 하의와 매치하여 색다른 스타일링을 즐길 수 있습니다.

〈웹사이트 전략수립〉

루미나스가 네이버 검색엔진에 노출이 되기 위한 전략적인 웹사이트 수립정책을 알려주세요.

네이버 검색엔진에 노출되기 위해서는 SEO (Search Engine Optimization) 최적화가 필요합니다. 이를 위해서는 다음과 같은 전략적인 웹사이트 수립정책을 고려할 수 있습니다.

키워드 분석: 루미나스의 타겟 대상인 30-40대 여성들이 검색하는 키워드를 파악하여 해당 키워드를 주요한 컨텐츠와 메타태그 등에 활용합니다. 예를 들어, '여성 옷', '블라우스', '봄 옷' 등이 해당됩니다.
(중략)

〈공지사항-환불정책 안내문〉

브랜드 환불정책에 대한 공지사항을 만들어주세요.

구매 후 일주일이내만 환불가능(단, 구매자가 왕복배송비지불)
제품하자시 배송비없이 교환 및 환불가능
해당 내용으로 인한 교환 및 환불요청 불가
-상품설명에 언급된 상품별 특징
-개인실수로인한 상품 훼손 및 오염

해당 내용을 언급하고, 부드러운 구어체로 작성해주세요

안녕하세요, 루미나스입니다.
저희 쇼핑몰에서는 고객님의 만족을 최우선으로 생각하고 있습니다. 그러나, 상품에 대한 환불 및 교환 요청에 대해 제한적인 내용이 있음을 안내드립니다.

구매 후 일주일 이내에만 환불이 가능하며, 이 경우에는 고객님께서 왕복 배송비를 부담해주셔야 합니다. 또한, 상품 하자에 대한 경우는 배송비 부담 없이 교환 및 환불이 가능합니다.

하지만, 아래의 경우는 교환 및 환불 요청이 불가능합니다.

상품 설명에 명시된 상품 특징
개인 실수로 인한 상품 훼손 및 오염
고객님들의 이해와 협조를 부탁드리며, 언제든지 루미나스 고객센터로 문의해 주시면 친절하게 안내해드리겠습니다. 감사합니다.

〈리뷰 댓글작성〉

1.옷감이 부드럽고 착용감이 무척 좋네요. 입을 때 편안하고 길이도 적당해서 코디하기 좋습니다. 민트색이 너무 예쁘네요.^^ 정 사이즈 추천합니다.

2.예상 배송일보다 훨씬 빨리 받아서 기분 좋았습니다. 옷감도 부들부들하고 보드라워요. 입어보니 자연스러운 넥도 너무 예쁘고요 챠르륵 떨어지는 텐셀이 너무 좋아요.

3.색깔도 화사하고 예뻐요~ 안에 받쳐 입기 딱 좋아서 구매했어요. 재질도 부드럽고 좋네요. ^^ 배송도 빨라서 너무 좋았습니다.

4.블랙하고 그린 두개 입어봤구요 일단 재질은 좋은 편, 두께감은 얇은 편 부들부들. 텐션좋구요. 옆구리살 표가 좀 나긴해요 ㅎ 가격 저렴하니 이너로 막 입기 좋네요.

각 리뷰에 대한 감사 댓글을 작성해주세요

1.감사합니다! 저희 제품이 편안하고 좋은 착용감을 제공해드릴 수 있어서 기쁩니다. 민트색상이 어울려서 더욱 만족하시는 것 같아요!

2.정말 기쁘게 들어주셔서 감사합니다! 빠른 배송과 좋은 상품을 제공해드릴 수 있도록 더욱 노력할게요. 넥 라인과 텐셀 재질에 대해 칭찬해주셔서 감사합니다!

3.좋은 상품을 구매해주셔서 감사합니다. 저희 제품이 편안하고 잘 맞아서 만족하시는 것 같아서 기쁩니다. 더욱 노력해서 만족스러운 제품을 제공해드릴게요.

4.리뷰를 남겨주셔서 감사합니다! 저렴한 가격에도 불구하고 좋은 품질의 제품을 제공하고자 노력하고 있어요. 부들부들한 재질과 좋은 텐션에 대해 칭찬해주셔서 감사합니다. 앞으로 더욱 개선하고 발전하도록 노력하겠습니다!

〈마케팅 - 홍보글〉

루미나스 인스타그램 홍보 글을 작성해주세요.
– 구매금액 3만원이상시 무료배송 가능

[루미나스 인스타그램 홍보글]

여러분의 일상을 더욱 특별하게 만들어줄 루미나스에서 신규 회원을 모집합니다!

지금 루미나스에서 구매하시면 구매금액 3만원 이상시 무료배송 서비스를 제공해 드립니다. 더불어 한 달 이내 신규 회원 100명 유치 목표를 달성하기 위해 최선을 다하고 있습니다.

루미나스의 다양한 제품들을 인스타그램에서 만나보세요! 부드러운 소재와 섬세한 디자인이 돋보이는 제품들이 여러분을 기다리고 있습니다.

지금 바로 루미나스 인스타그램을 방문하시고 팔로우 해주세요. 더 많은 혜택과 소식을 만나보실 수 있습니다. #루미나스 #신상품추천 #무료배송 #신규회원모집 #인스타그램홍보 #패션 #스타일 #일상 #데일리룩

〈CS상담 – 민원응대〉

1.아니 상품이 출발하고 일주일이 넘도록 도착을 안하고 있어요!

중요한날 입으려고 한 옷인데 어떻게 하실 건가요!!

2.도착한 옷에 립스틱이 묻어있네요!

새 옷 맞나요? 이렇게 검수 없이 옷을 보내다니 정말 실망입니다.

빨리 환불해주세요!

해당 민원 댓글에 대한 정중한 사과의 댓글을 작성해주세요.

– 환불요청 글에는 즉각 결제취소 및 환불예정 문구를 포함

– 정확한 대처를 위해 바로 연락을 드릴 예정 안내

– 배송사고 관련 글에는 우리 측에 보낸 것에는 문제가 없었으나 배송진행상태를 체크하지 못한 점을
  사과하고, 해결을 위해 즉각 조치를 취할 것을 안내

안녕하세요, 루미나스 고객센터입니다. 소중한 의견 감사드립니다. 먼저, 일주일 이상의 배송 지연으로
인한 불편을 드려 죄송합니다. 주문하신 상품이 신속하게 고객님께 전달되도록 최선을 다하겠습니다.
고객님께서 받으시길 기다리시는 동안, 빠른 조치를 위해 배송사와 함께 상황을 파악하고 해결하겠습
니다. 적극적으로 해결을 위해 노력하겠습니다. 다시 한 번 불편을 드려 죄송합니다.

안녕하세요, 루미나스 고객센터입니다. 먼저, 저희 상품으로 인해 불편을 드려 대단히 죄송합니다. 고
객님께서 받으신 제품이 검수되지 않은 상태로 배송된 것으로 확인되어 매우 안타깝습니다. 제품 검수
과정에서 실수가 있어 이와 같은 일이 발생한 것으로 보입니다. 즉각적으로 상품교환이나 환불 등 필
요한 조치를 취하도록 하겠습니다. 고객님께서 신속히 받으실 수 있도록 최선을 다하겠습니다. 불편을
드려 다시 한 번 죄송합니다.

ChatGPT와 함께 쇼핑몰을 운영한다면 3,4개의 부서와 함께 일하는 시너지를 만들어 낼 수 있을 것
입니다. 결과물을 요청할 때 중요한 전제사항을 언급해 주고 입력하는 것이 필요합니다.

다만, 고객이 사용하는 댓글들은 생략이 많은 자연어라 그대로 활용했을 경우 ChatGPT의 이해도가
떨어질 수 있으니 입력 글에 따른 결과 글을 잘 확인하는 것이 중요합니다.

위의 예시에서도 보이듯이 민원 댓글의 경우 '...빨리 환불해주세요!' 로 맺은 글에 '즉각적으로 상품교환
이나 환불 등 필요한 조치를 취하도록 하겠습니다. 고객님께서 신속히 받으실 수 있도록 최선을 다하겠
습니다.' 라고 작성하여 언급했던 전제조건을 모두 나열해버리는 실수를 범하고 있습니다. 상급자의 입
장으로 ChatGPT의 작성 글을 꼼꼼히 검수하고 수정한 후 사용하는 것이 늘 바람직합니다.

실습해보기 _ 예제 2

뤼튼(wrtn) 사이트는 간단한 키워드 입력으로 완성도 높은 글을 자동으로 생성해주는 AI 카피라이팅 서비스로, 블로그, 마케팅, 쇼핑몰, 유튜브 등 다양한 분야에서 활용이 가능합니다. 사용방법에 대해 알아보겠습니다.

따라하기
1 https://wrtn.ai/ 사이트에 접속합니다.
2 [무료로 시작하기] 버튼을 누르고 회원가입 후 이용합니다.
3 로그인 화면입니다. 인기 있는 작문 툴을 메인에서 확인할 수 있습니다.

4 뤼튼(wrtn) 사이트의 요금제입니다. 무료요금제도 무제한으로 사용이 가능합니다. 다만, 속도제한, 생성결과 수 보관일수의 차이가 있습니다.

월 요금제	무료 요금제	플러스 요금제
	0원 / 월	~~44,900원~~ 22%↓ **34,900원** / 월, VAT 포함
	이용 중	이 요금제로 업그레이드
월 제공량	**무제한** 생성 속도 제한 있음	**무제한** 더 빠른 속도로 생성 가능 트래픽 과중 시 우선 보장
1회 생성 결과 수 ⓘ	최대 1개	최대 3개
생성 이력 관리 기한 ⓘ	7일	90일
CS 우선권	-	✓
새 기능 우선 접근권	-	✓
생성 이력 다운로드 ⓘ	-	✓
결과물 수정 기능 ⓘ	-	✓

5 먼저 카피라이팅 기능을 살펴보겠습니다.

왼쪽 입력란에 제한글씨에 맞게 내용을 입력하고, [자동생성]을 클릭하면 오른쪽에 AI가 생성한 문구들이 게시됩니다. 6가지의 톤앤매너를 선택하면 생성되는 글의 뉘앙스도 그에 맞게 출력되는 것을 확인할 수 있습니다.

6 뤼튼의 저작권 정책을 살펴보면 사용자의 결과물 저작권과 사용 권한을 보장하며, 상업적 용도로도 이용할 수 있도록 합니다.

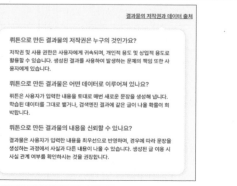

7 왼쪽 메뉴에서는 지원하는 여러 작문의 종류를 확인할 수 있습니다.
[SNS 광고문구]를 선택하여 작성한 예시입니다.

> 🖴 [자동생성] 버튼을 클릭 때마다 다른 결과물을 출력합니다.

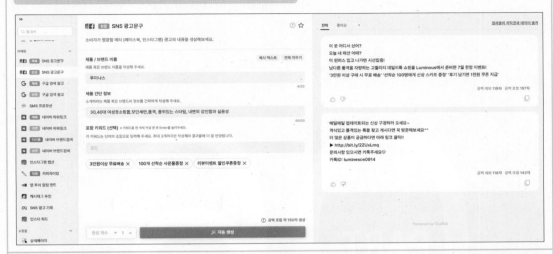

8 블로그 항목에서는 긴 블로그 포스 팅을 작성할 수 있습니다. 30자 이내의 포스팅 주제만 입력해도, 빈칸을 포함하여 최대 1000자까지 자동으로 내용을 생성해 줍니다. 임의로 작성된 세부 내용은 사용자가 일부 수정하면 바로 사용 가능한 매우 완성도 높은 글이 됩니다.

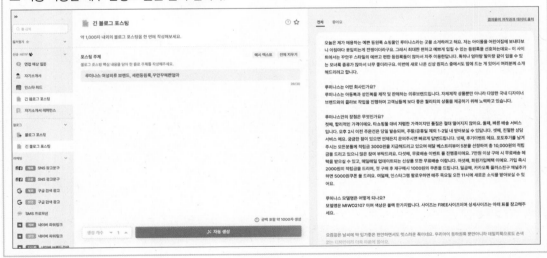

PART 06

생활 활용 분야

ChatGPT로 효율적인 시간표 짜기
ChatGPT로 요리 블로그 컨텐츠 만들기
ChatGPT로 홍보 포스터 만들기

01 ChatGPT로 효율적인 시간표 짜기

핵심 키워드 #ChatGPT #시간표짜기 #구글캘린더 #시간관리 #일정공유   레벨 ★★☆☆☆

실습 목표
- ChatGPT를 활용하여 자신만의 효율적인 시간표를 구성해볼 수 있다.
- ChatGPT의 적절한 응답을 위한 시간, 숫자 등의 명령어에 대해 알 수 있다.
- 구글 캘린더앱을 활용하여 일정 관리하고, 여러 사람과 캘린더를 공유할 수 있다.

시작하며

시간 관리는 모든 연령층과 직업군에게 중요하며, 캘린더앱을 통해 스케줄링을 제대로 수행하는 것이 매우 중요합니다. 각 상황에 따라 다른 일정을 효율적으로 분배하는 것은 어렵지만, ChatGPT를 활용하면 빠르게 효과적인 시간표를 구성할 수 있습니다. 이를 통해 불필요한 시간을 줄여서 개인의 생산성 또한 극대화할 수 있습니다. ChatGPT를 통해 모든 연령층과 직업군에게 유용한 스케줄링과 더불어 구글 캘린더앱 활용 방법에 대해 알아보겠습니다.

생각정리하기

❶ 목표 설정	일정 기간 동안 달성하고자 하는 목표를 세워야 합니다
❷ 일정 파악	필요한 시간을 산정하여 일정을 세우면, 자신의 시간을 효율적으로 관리할 수 있습니다.
❸ 우선순위 파악	우선순위를 파악하면, 중요한 일부터 처리하고 중요하지 않은 일은 나중에 처리할 수 있습니다.
❹ 일정 조정	할 일들과 우선순위를 파악한 후에, 일정을 재차 조정해야 할 때도 있습니다. 예상치 못한 일이나, 우선순위가 바뀐 경우 등에는 일정을 다시 조정해야 합니다.
❺ 일정 확인	일정을 확인하고 동선이나 일의 진행 상황을 확인한다면, 갑자기 생긴 문제점을 조기에 파악하여 대처할 수 있습니다.

스케줄표를 효율적으로 작성하기 위해서는 도식화된 자료들이 필요한 경우가 있습니다. 그러나 ChatGPT는 도형이나 인포그래픽 등의 도식화된 결과물을 생성하지는 않습니다. 작성 방법이나 방향성 혹은 구조도나 도식 표를 만드는 코드를 제시하는 등의 방법을 제안하는 역할을 합니다. 따라서 ChatGPT에서 원하는 결과를 얻으려면 명확한 목표를 가지고 다양한 요소들을 고려하여 질문을 해야 합니다.

실습해보기

ChatGPT를 활용하여 시간을 효율적으로 관리하기 위해서는 몇 가지 요소들이 필요합니다. 일정의 종류, 날짜, 시간, 장소, 우선순위 등을 고려해야 합니다. 예를 들어, 자녀의 방과 후 수업 시간표를 짜기 위해서는 방과후 수업 시간, 수강할 학원, 시간대, 요일, 교통수단 등을 고려해야 합니다. 이와 같은 요소들을 고려하면서 일정을 계획하고 관리함으로써 시간을 효율적으로 활용할 수 있습니다. 다양한 스케줄링 도구와 앱을 활용하여 일정을 관리하는 것도 도움이 됩니다.

내 딸은 초등학교 1학년이야. 아침 9시에 1교시 시작이야.
월,화,목,금요일은 5교시이고, 수요일은 4교시에 끝나는데 하교 시간을 알려줄 수 있니?

월요일, 화요일, 목요일, 금요일: 2시 40분
수요일: 1시 40분

따라서, 월,화,목,금요일은 2시 40분에 수업이 끝나므로 하교 시간은 그 이후가 됩니다. 하지만 수요일은 1시 40분에 수업이 끝나므로, 수요일에는 하교 시간이 1시 40분이 됩니다.

현재 ChatGPT는 2022년 이전에 존재했던 텍스트를 기반으로 학습되어 상황에 따라 대답이 다를 수 있습니다. 따라서 ChatGPT의 대답이 정확하지 않을 수 있으며, 사용자의 요구에 맞춰 적절하게 대응하기 위해 문맥을 고려하여 대답을 수정할 필요가 있습니다. 그러므로 사용자는 ChatGPT의 대답에 완전히 의존하지 않고, 대답을 검토하고 추가적인 질문을 던져야 원하는 정보를 얻을 수 있습니다.

다니고 싶은 학원에서 받은 정보에 의하면
❶ 피아노학원
(월, 수, 금 2:00–3:00)
❷ 수영학원
(월 3:00–4:00)
❸ 방과후 미술
(수 1:00–2:00)

효율적인 시간표를 표로 만들어줘

중략

시간	월요일	화요일	수요일	목요일	금요일
1:00-2:00			방과후 미술		
2:00-3:00	피아노학원		피아노학원		피아노학원
3:00-4:00	수영학원				

ChatGPT는 수정한 내용과 참고할만한 정보를 입력하면 시간표를 만들어 줄 수 있습니다. 하지만 ChatGPT는 사용자의 니즈를 완벽하게 파악하지 못하므로, 정보를 정확하고 간결하게 입력해주어야 합니다. 만약 결과가 정확하지 않더라도 시간표를 정하는데 도움이 되는 아이디어를 얻을 수 있을 것입니다. 특히 주의할 점은 중복된 일정을 판단하는 것에는 한계가 있다는 것입니다. 아래의 예시를 보고 필요한 정보를 활용해서 시간표를 만들어봅시다.

예 시간표를 만들기위해 필요한 정보에는 다음과 같은 것들이 있습니다.

- [강의/일정의 이름과 시간]: "수학 수업 – 월요일 오전 9시부터 오후 1시까지"와 같이 강의나 일정의 이름과 시간을 정확하게 입력해주어야 합니다.
- [장소] 강의나 일정이 진행되는 장소가 어디인지 정확하게 입력합니다.
- [기간] 일정이 몇 주나 몇 개월에 걸쳐서 진행되는지 알려주어야 합니다.
- [우선순위] 만약 일정이나 강의가 다른 것보다 중요하다면, 그것에 대한 우선순위를 지정해줍니다.
- [중복] 다른 일정이나 강의와 시간이 중복되는 경우가 있는지 확인합니다.

확장하기

그럼, ChatGPT로 정리한 일정을 구글 캘린더에 입력하여 편리하게 스케줄표로 활용하는 방법을 알아보겠습니다. 또한, 자녀와 함께 일정을 공유해야 하는 경우 가족 구성원을 초대하여 일정을 공유하는 방법도 함께 살펴보겠습니다.

1 구글 앱에서 캘린더에 접속합니다.

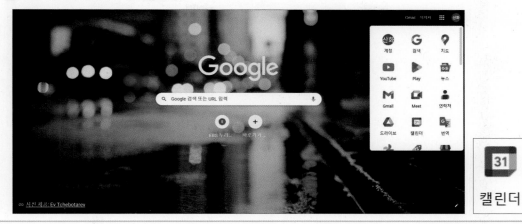

2 구글 캘린더 앱에 접속하여 설정 보기 형식을 [월]로 선택하면 달력과 같은 화면으로 볼 수 있습니다. 스케쥴은 +만들기를 눌러 입력합니다.

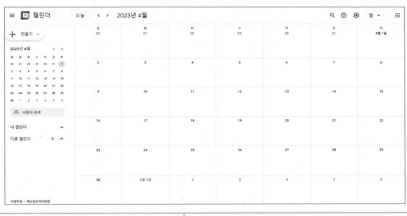

3 + 만들기 버튼을 누르면 제목, 시간, 중복 여부, 상세설명 등 내용을 추가할 수 있습니다. 만들어진 시간표를 바탕으로 스케쥴을 넣습니다.

4 같은 스케쥴은 중복으로 체크 해 두면 스케쥴이 자동으로 입력됩니다.

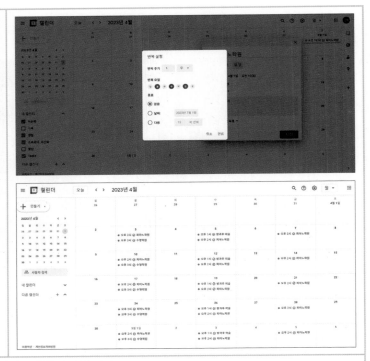

5 설정에서 해당 스케쥴을 특정사용자와 공유할 수 있습니다.

6 공유하고자 하는 특성 사용자를 추가하여 스케쥴을 공유합니다.

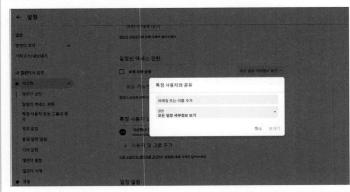

02 ChatGPT로 요리 블로그 컨텐츠 만들기

핵심 키워드	#ChatGPT #PlaygroundAI #blog	레벨 ★★☆☆☆

| 실습 목표 | • ChatGPT를 활용하여 자신만의 관심사와 취향을 반영한 블로그 컨텐츠를 쉽게 제작하는 방법을 익힐 수 있다.
• Playground AI 프로그램을 활용하여 원하는 음식 이미지를 편집, 재생산하여 AI 이미지를 만들 수 있다.
• 요리 이미지를 직접 촬영하지 않고 이미지 제작 방법을 익힘으로써 시간, 비용 효율적으로 컨텐츠를 제작할 수 있다. |

완성 프로그램 QR코드
https://url.kr/wxzlq3

시작하며

블로그는 웹 로그(Web Log)의 줄임말로, 개인의 경험이나 지식, 정보 등을 글, 사진, 영상의 형태로 웹 상에 게재하고 교류하며 커뮤니케이션하는 전자 출판물이자 소셜 네트워크 공간입니다. 최근에는 인스타그램 등과 같은 소셜 미디어와의 융합과 스마트폰 등 모바일 환경에서의 활용이 가능해지면서 전문 지식으로서의 영향력도 높아지고 있습니다. 블로그를 운영하는 개인의 인지도와 영향력이 인정받으면서, 이를 통한 다양한 방식으로의 수익 창출도 가능해지고 있습니다.

이번 장에서는 ChatGPT와 앞서 배운 이미지 생성 AI툴인 Playground AI를 사용하여 요리 레시피 블로그 컨텐츠를 제작해보겠습니다. 블로그 포스팅을 위해서는 어떤 단계를 거쳐야 하는지 알아보고, ChatGPT와 Playground AI 툴을 활용하여 쉽고 빠르게, 효율적으로 요리 레시피 블로그 포스팅을 완성해봅시다.

생각정리하기

블로그 컨텐츠 제작을 위해서는 여러 단계를 거쳐야 합니다.

❶ 주제 선택 및 계획 수립	포스팅을 작성하기 전에 어떤 주제에 대해 쓸 것인지 결정하고, 해당 주제에 대한 계획을 수립해야 합니다. 이를 위해 먼저 포스팅의 목적과 대상 독자를 고려하고, 블로그의 컨셉에 맞는 주제를 ChatGPT와 상의하여 선정합니다. 예 요리 메뉴 정하기 – "요즘 인기 있고 1인 가구도 집에서 간단하고 손쉽게 만들 수 있는 한식 요리 메뉴를 추천해줘"

❷ 레시피 작성	선택한 주제에 맞는 요리 레시피를 작성합니다. 이때 ChatGPT를 활용하여 상세한 조리 과정을 작성할 수 있습니다.
❸ 이미지 정하기	작성한 레시피에 대한 각 장면별 이미지를 Playground AI 프로그램을 활용하여 생성, 편집합니다. 사진은 요리의 완성도를 높이고, 독자들의 눈을 사로잡을 수 있으며, 포스팅의 가독성을 높일 수 있습니다.
❹ 포스팅 작성	레시피와 사진을 기반으로 포스팅을 작성합니다. 이때, ChatGPT를 활용하여 포스팅의 제목, 서두, 본문, 요리 재료 및 과정, 꿀팁 등 텍스트 작성에 아이디어를 얻고, 그 결과를 수정 및 편집하여 작성합니다.
❺ 블로그 게시	작성한 포스팅을 블로그에 게시하고, 필요에 따라 SNS 등 다른 채널을 통해 공유합니다. 이때, 핵심 키워드와 홍보 문구를 어떻게 작성하고 어떻게 홍보 전략을 세울지 ChatGPT를 통해 아이디어를 얻을 수 있습니다.

실습해보기 _ 예제 1

요리 주제는 '1인 가구도 손쉽게 만들 수 있는 요즘 인기 있는 한식 메뉴'로 정하고, 요리 메뉴는 '로제 떡볶이'로 정했습니다. 이제 '로제 떡볶이'를 만들기 위해 필요한 레시피와 요리 이미지를 만들어 보겠습니다.

1. 레시피 만들기 : 필요한 재료와 조리 과정을 ChatGPT에 상세하게 요청합니다.

로제 떡볶이를 만들기 위해 필요한 재료와 조리 과정을 상세하게 알려줘

1. 재료
- 떡볶이 떡 200g
- 양파 1/2개
- 청양고추 1개
- 어묵 1/2줌
- 물 1컵
- 스파게티 소스 2큰술
- 토마토 케첩 2큰술
- 우유 1/4컵
- 설탕 1큰술
- 마늘 1개
- 식용유 1큰술
- 케이준 후레이크(혹은 고춧가루) 약간
- 녹말물(녹말 1큰술 + 물 1큰술 섞은 것) 약간
- 모짜렐라 치즈 약간

2.조리 과정
- 떡볶이 떡은 미리 물에 30분 정도 담가서 불순물을 제거한 후 체에 밭쳐 물기를 뺀다.

(중략)

2. 조리 과정을 적당한 장면 컷으로 나누기 : 요리 레시피에 필요한 이미지를 삽입하기 위해서는 조리 과정을 단계별로 나누어 몇 컷의 장면으로 만들지 정해야 합니다.

 위의 조리 과정을 4개의 장면 컷으로 나누어 요리 이미지를 삽입할거야. 조리과정을 크게 4단계로 나누어줘

 조리과정:

1. 떡과 야채 볶기
   - 떡 200g을 찬물에 10분간 담궈준 후 물기를 제거한다.
   - 양파, 청양고추, 대파를 적당한 크기로 썰어준다.
   - 팬에 식용유 1큰술을 두르고 떡을 넣어 약불에서 5분간 볶아준다.
   - 떡을 꺼낸 후 양파와 청양고추, 대파를 팬에 넣어 약불에서 3분간 볶아준다.
2. 소스 만들기
   - 고추장 2큰술, 케찹 2큰술, 설탕 1큰술, 물 1/2컵을 섞어준다.
   - 섞은 소스를 팬에 넣고 섞어준다.
3. 로제 떡볶이 만들기
   - 앞에서 볶은 야채를 팬에 넣고 섞어준다.
   - 소스를 팬에 넣고 떡을 함께 볶아준다.
   - 생크림 4큰술을 넣고 한소끔 끓여준다.
4. 맛을 더하기
   - 치즈 1/4컵을 넣고 섞어준다.
   - 김가루 약간을 뿌려준다.
   - 치즈가 녹을 때까지 볶아준다.

이렇게 나누어진 4개의 장면 컷에 대응하는 요리 이미지를 블로그에 삽입하면 조리과정을 더 쉽게 이해하고 따라할 수 있을 것입니다.

실습해보기 _ 예제 2

이제 AI 이미지를 조리과정에 맞게 생성하고 ChatGPT로 만들어진 요리 레시피와 합쳐봅니다.

따라하기

1 https://playgroundai.com/
사이트에 접속합니다. Playground AI에서 'asian snack, tteok'을 검색합니다.
원하는 기본 떡 사진을 골라 선택합니다. [Edit] 버튼을 눌러 편집 화면으로 들어갑니다.

2 이미지 우측 상단의 Add Mask를 클릭하면 아래의 Mask Controls에서 설정을 변경할 수 있습니다. 마스크 선택 영역 크기를 바꾸거나 영역을 삭제하거나, 선택 영역을 반전하는 등의 설정을 바꿀 수 있습니다.

3 원하는 부분의 mask를 설정한 후 왼쪽 프롬프트 창에 추가하거나 변경, 삭제할 이미지의 요청 내용을 적습니다. "add onions, green chili peppers, and scallions." 프롬프트를 작성합니다.

[Generate] 버튼을 누르고, 수정된 결과는 우측의 이미지로 생성됩니다. 이미지가 마음에 든다면 우측 위의 [Save Change] 버튼을 누르고 저장/활용할 수 있습니다.

4 추가적인 새로운 형태로 재생산 하거나, 이미지의 사이즈를 변경하여 저장을 원할 경우 우측의 Image Dimmension에서 사이즈를 변경하고 다시 [Generate] 버튼을 누릅니다.

완성된 이미지는 이미지 왼쪽 상단의 [Download] 버튼을 눌러 파일 형식으로 저장합니다. 같은 방식으로 나머지 세 컷의 요리 레시피 이미지도 Playground AI 내 사이트에서 검색 후 수정, 편집하여 새롭게 생성합니다.

5 ChatGPT로 생성된 1번 요리 이미지와 텍스트를 합쳐 레시피를 완성합니다.

> ❝ Canva 프로그램이나 미리캔버스 등의 편집 툴을 사용하여 손쉽게 만들 수도 있고, 직접 블로그에 게재하며 편집할 수도 있습니다.

참고: 완성 작품

확장하기

이제 다음 단계는 완성된 블로그의 인지도와 영향력을 올리기 위한 홍보 전략을 세우는 것입니다. ChatGPT를 활용하여 나의 블로그 브랜드를 홍보하기 위한 아이디어를 얻고, 블로그 채널을 운영해 봅시다.

 요리 블로그의 홍보 전략에 대해 알려줘

 블로그의 홍보 전략에 대한 몇 가지 팁을 소개해 드리겠습니다.

1.소셜미디어를 이용하기

블로그를 홍보하기 위해서는 소셜미디어를 이용하는 것이 좋습니다. Facebook, Instagram, Twitter, LinkedIn, Pinterest 등 다양한 소셜미디어를 활용하여 블로그 게시물을 공유하고, 좋아요와 팔로우를 늘려가는 것이 중요합니다.

2.검색 엔진 최적화(SEO)를 고려하기

검색 엔진 최적화(SEO)는 블로그를 홍보하는 데 매우 중요합니다. 키워드 분석을 통해 검색어에 대한 정보를 파악하고, 해당 키워드를 블로그에 적절하게 사용하는 것이 검색 엔진에서 상위에 노출되는 블로그를 만드는데 도움이 됩니다.

3.게시물의 질 높이기

블로그 홍보를 위해서는 게시물의 질을 높여야 합니다. 유용한 정보, 새로운 아이디어, 흥미로운 이야기 등을 제공하여 독자들의 관심을 끌고, 공유하고 싶은 게시물을 만드는 것이 중요합니다.

(중략)

03 ChatGPT로 홍보 포스터 만들기

핵심 키워드 #ChatGPT #Processing #프로그래밍 #pixabay #홍보물 #포스터   레벨 ★★★★☆

실습 목표
- ChatGPT를 활용하여 홍보 문구와 창작 글쓰기를 만들고, 이를 Processing 프로그래밍을 통해 이미지에 삽입할 수 있다.
- Processing 프로그래밍을 통해 Java 프로그래밍 언어 구조를 익히며 프로그래밍 기술을 적용해보는 경험을 쌓을 수 있다.
- 디자인 요소와 프로그래밍 요소가 결합되어 창의적으로 재생산하는 통합적 사고 능력을 배울 수 있다.

완성 프로그램 QR코드

시작하며

이번 장에서는 영화나 드라마 혹은 행사, 이벤트 등의 홍보 포스터, 광고물을 제작하는 실습을 ChatGPT와 Processing 앱을 통해 구현하는 방법을 알아봅니다.

Processing(https://processing.org/) 프로그램은 컴퓨터 프로그래밍 언어 및 개발 환경으로서, 디자인, 예술, 공학, 교육 등 다양한 분야에서 사용됩니다. Processing은 Java 언어를 기반으로 하며, 그래픽, 음성, 동영상 등 다양한 미디어를 다룰 수 있는 라이브러리를 제공합니다. 이러한 기능들을 활용하여 작품을 다양한 형태로 재생성하거나 새로운 AI 작품으로 만들어낼 수 있습니다.

> 66 Processing 앱 사용 방법 : Processing 공식 사이트(https://processing.org/) 에 접속합니다. 메인 화면의 Download 버튼을 클릭하여 IDE를 다운로드 하고, 설치파일을 PC에 설치하여 사용합니다. Processing 공식 사이트에서는 Processing을 사용한 예술 작품, 게임, 시각화 등을 볼 수 있는 갤러리도 제공합니다.

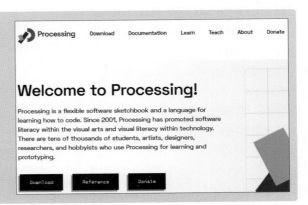

생각정리하기

과학 체험관에서 '우주 여행' 이라는 컨셉의 홍보물을 만든다고 가정해봅시다. 홍보물을 만들기 위해서는 다음과 같은 준비가 필요합니다.

❶ 주제/홍보문구 정하기	홍보 문구를 생성하기 위한 적절한 주제를 선택하고 ChatGPT를 통해 홍보 문구 작성을 요청합니다.
❷ Processing 스케치 만들기	ChatGPT로 작성한 문구가 Processing 프로그램으로 시각화하여 생성되도록 ChatGPT에 코드를 요청합니다. Processing 스케치 파일을 저장합니다.
❸ 이미지 정하기	주제와 관련된 이미지를 참고하여 수집해야 합니다. pixabay(http://pixabay.com)을 통해 '우주'를 검색하여 원하는 이미지를 선택하고 Processing 스케치 폴더에 data폴더 생성 후 저장합니다.
❹ 이미지 수정 컨셉 정하기	기존의 이미지를 Processing 프로그램을 통해 새로운 느낌과 컨셉으로 재생성할 수 있습니다. 이미지의 컨셉을 어떻게 설정할지 정하고 ChatGPT에 해당 이미지 컨셉의 그림으로 만들어주는 Processing 코드를 요청합니다.
❺ 홍보 문구를 이미지에 입히기	ChatGPT로 얻은 홍보 문구와 Processing 프로그램에서 수정한 이미지를 합치는 작업을 합니다. 문구를 이미지에 삽입하는 Processing 코드를 ChatGPT에 요청하여 생성 결과를 확인합니다.
❻ 결과물 다듬기	생성된 홍보물을 확인하고 글씨 크기나 이미지 크기, 색상 등의 편집 작업을 거쳐 이미지를 파일로 저장합니다.

실습해보기 _ 예제 1

먼저, '우주 여행' 컨셉의 홍보 문구를 만드는 과정을 실습해 봅시다.

따라하기	
1 ChatGPT를 통해 '우주 여행' 컨셉의 홍보물에 들어갈 문구를 작성해 달라고 요청합니다. 구체적인 주제와 체험 내용이 담기도록 요청하는 것이 좋습니다. 생성된 결과에서 마음에 드는 문구를 하나 정합니다.	나는 processing 앱을 사용해서 '우주 여행' 이라는 컨셉의 과학 체험관에서 사용될 홍보물을 만들거야. IT기술을 활용한 우주에서의 생활을 실감나게 체험할 수 있고, 실제 우주 생활이 멀지 않은 미래라는 것을 알려주는 체험이 될거야. 먼저 홍보물에 들어갈 문구를 영어로 작성해줘 Sure! Here are some taglines for the promotional material for the science museum with the concept of "Space Travel" that you described: 1. Experience the Future of Space Living with Cutting-Edge Technology! 2. Get Ready for Your Next Space Odyssey - A Journey to the Stars! 3. Explore the Unknown - Discover the Wonders of the Universe! 4. Enter the World of Space Travel and Discover a New Frontier! 5. Unlock the Secrets of the Universe and Embark on an Epic Adventure! 6. Be Transported to Another Dimension - Experience Life in Space! 7. Prepare for Takeoff - A New Era of Space Exploration Awaits You! 8. Blast Off into a World of Infinite Possibilities - Dare to Dream Big! 9. Journey to the Edge of the Cosmos - Find Your Place in the Universe! 10. Discover the Final Frontier - Unleash Your Inner Astronaut and Explore!

2 위의 작성된 문구가 Processing 코딩을 통해 구현되도록 ChatGPT에 코드를 요청합니다.

코드는 출력될 결과를 예상하며 구체적으로 요청해야 합니다. 예를 들어, 글씨의 크기, 색상, 텍스트 배열, 배경 색상, 캔버스의 크기 등을 고려하여 요청합니다.

코드가 출력되고, 코드에 대한 설명 글과 활용방법도 함께 제시됩니다.

'Get Ready for Your Next Space Odyssey - A Journey to the Stars!' 이 문구를 출력해주는 processing 프로그램 코드를 알려줄 수 있어? 글씨 크기는 20으로 하고, 캔버스 크기는 1280*960 으로 만들어줘. 텍스트 색상은 검정색으로 해줘. 텍스트는 두줄로 출력해줘.

네, 아래는 텍스트 크기가 20이고 캔버스 크기가 1280x960인 processing 프로그램에서 'Get Ready for Your Next Space Odyssey - A Journey to the Stars!' 문구를 검정색으로 출력하며, 두 줄로 나누어 출력하는 코드 예시입니다.

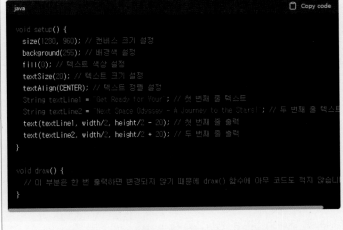

```java
void setup() {
  size(1280, 960); // 캔버스 크기 설정
  background(255); // 배경색 설정
  fill(0); // 텍스트 색상 설정
  textSize(20); // 텍스트 크기 설정
  textAlign(CENTER); // 텍스트 정렬 설정
  String textLine1 = "Get Ready for Your"; // 첫 번째 줄 텍스트
  String textLine2 = "Next Space Odyssey - A Journey to the Stars!"; // 두 번째 줄 텍스트
  text(textLine1, width/2, height/2 - 20); // 첫 번째 줄 출력
  text(textLine2, width/2, height/2 + 20); // 두 번째 줄 출력
}

void draw() {
  // 이 부분은 한 번 출력하면 변경되지 않기 때문에 draw() 함수에 아무 코드도 적지 않습니다.
}
```

위 코드를 실행하면 배경이 흰색으로 설정되고, 중앙에 'Get Ready for Your'와 'Next Space Odyssey - A Journey to the Stars!'라는 두 줄의 텍스트가 검정색으로 출력됩니다. 첫 번째 줄은 두 번째보다 20만큼 위에 위치합니다. 만약 텍스트의 색상과 배경색상, 텍스트의 내용과 위치 등을 원하는 대로 변경하여 사용하실 수 있습니다.

3 Processing 프로그램을 켭니다. ChatGPT로 얻은 코드를 복사−붙여 넣기 하여 Processing 스케치 프로그램 창에 입력하고 실행 버튼을 눌러 결과를 확인합니다.

따라하기	화면
4 생성된 결과를 확인하고 수정할 사항은 재차 ChatGPT를 통해 수정 코드를 요청하고, 다시 Processing 프로그램에 입력한 뒤 결과를 확인하는 작업을 반복합니다.	
5 Processing 프로그램을 설치-다운로드하면 컴퓨터의 '문서'폴더에 'Processing' 폴더가 생성됩니다. 위의 실행 결과 생성된 스케치를 [문서-Processing] 폴더 안에 저장합니다. 보통 'sketch_날짜a' 형식으로 새로운 폴더가 생성됩니다.	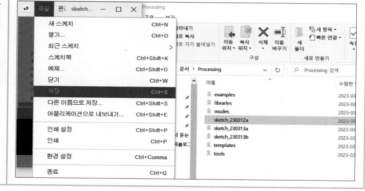

실습해보기 _ 예제 2

이제 이미지를 컨셉에 맞게 생성하고, 만들어진 홍보 문구와 합쳐 홍보물을 완성해봅니다.

따라하기	화면
1 픽사베이(https://pixabay.com/) 사이트에 들어갑니다. 검색창에 '우주'를 검색하고 원하는 이미지를 원하는 크기로 무료 다운로드 합니다. ※ 출처 _ Pixabay Daniel Hannah님의 이미지 입니다.	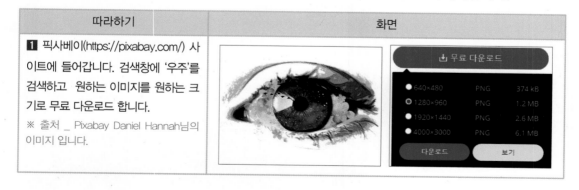

2 다운로드 받은 이미지를 저장하기 위해 실행중인 스케치 파일 폴더(예제 1_5번) 안에 새로운 이름의 [data] 폴더를 생성합니다.

그리고 [data]폴더 안에 'space'라는 이름으로 이미지를 저장합니다.

> ❝ 저장시 파일 형식이 jpg, png, jpeg 등 무엇인지 확인해야 합니다. 스케치 코드를 작성할 때 이미지의 이름과 형식에 맞추어 코드를 수정해야 합니다.

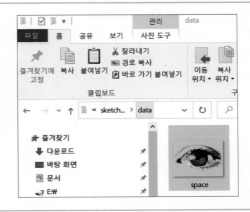

3 이제, 다운로드 받은 이미지를 텍스트와 함께 시각화하여 보기 위한 Processing 코드를 ChatGPT에 요청합니다.

이미지의 크기, 느낌 등 원하는 조건을 상세하게 적습니다. ChatGPT는 요청한 코드와 함께 코드에 대한 간략한 설명과 참고해야 할 부분도 함께 제시해줍니다.

Copy code를 클릭하여 Processing 스케치 창에 붙여넣기 합니다.

processing 프로그램에 이미지를 넣어 위의 텍스트와 함께 출력할거야. 이미지의 크기는 캔버스의 크기와 동일하게 1280*960 으로 설정하고 이미지의 느낌은 픽셀아트 느낌으로 표현하고 싶어. Processing 코드를 알려줄 수 있어?

아래는 이미지와 텍스트를 함께 출력하는 Processing 코드입니다. 이미지 크기를 캔버스 크기와 동일하게 설정하고, 이미지 필터를 사용하여 픽셀아트 느낌을 만들었습니다.

이 코드는 이미지 파일이 프로세싱 스케치 파일과 같은 디렉토리에 위치한다는 가정하에 작성되었습니다. 만약 파일 경로가 다르다면 `loadImage()` 함수에 올바른 파일 경로를 지정해주세요.

4 코드를 붙여넣은 후, 반드시 이미지 파일 경로를 수정해야 합니다.

이미지 파일은 'Processing-스케치 파일명-data' 폴더 내에 있으며, 이름과 파일 형식(jpg,png 등)을 확인하여 수정합니다.

```
sketch 230318a
2  PImage img;
3
4  void setup() {
5    size(1280, 960);
6    img = loadImage("space.jpg");
7    img.filter(POSTERIZE, 5); // 필터 사용하여 픽셀아트 느낌 만들기
8    textAlign(CENTER);
9    textSize(20);
10   fill(0);
11 }
12
13 void draw() {
14   image(img, 0, 0);
15   text("Get Ready for Your Next Space Odyssey", width/2, height/2-20);
16   text("A Journey to the Stars!", width/2, height/2+20);
17 }
```

5 실행 버튼을 눌러 스케치를 실행하여 결과물을 확인합니다.
수정해야 할 사항을 다시 ChatGPT에 요청합니다.

> ❝ 스케치 폴더가 제대로 생성되지 않은 경우, 또는 data 폴더에 이미지가 제대로 저장되어 있지 않은 경우에는 코드 오류가 발생합니다. [문서–Processing폴더] 안에 실행중인 스케치파일의 폴더가 생성되었는지, 또 스케치 파일 폴더 안에 [data]폴더를 잘 생성하고 이미지를 저장하였는지, 마지막으로 이미지의 이름과 파일 형식에 맞추어 코드를 수정했는지 다시 한 번 확인하세요.

6 〈수정해야 할 사항〉

❶ 글씨가 그림 위에 보이도록 설정하기
– 글씨 크기, 위치, 색상 변경하기
❷ 이미지가 좀 더 픽셀 아트처럼 보이도록 수정하기
❸ 제목 및 일정, 장소 정보 텍스트 추가하기

위 코드에 이미지를 좀 더 픽셀 아트 느낌으로 만들어주고, 'Get Ready for Your'와 'Next Space Odyssey - A Journey to the Stars!' 텍스트의 크기를 40으로 하고, 하얀색 글씨에 두껍게 만들어줘. 글씨 배경색을 검정색 투명도 50으로 설정하고 글씨배경 테두리를 없애줘. 그리고 "WELCOME TO SPACE JOURNEY" 텍스트를 캔버스 위에서 중앙 부분에 텍스트 70 크기로 넣어줘. 또 "DATE : 1/4/2023" "PLACE : SCIENCE MUSEUM" 텍스트를 텍스트크기 30으로 노란색으로, 캔버스 아래 중앙부분에 넣는 코드를 추가해줘

다음은 요구사항을 반영한 코드입니다. 이미지를 픽셀아트 느낌으로 만들기 위해 `loadImage()` 함수에 `RGB` 파라미터를 추가하여 이미지를 로드한 후 `filter(THRESHOLD)` 함수를 사용했습니다. 그리고 텍스트의 배경색을 검정색 투명도 50으로 설정하고 테두리를 없애기 위해 `textMode(CENTER)` 함수를 사용하였습니다.

```java
PImage img;

void setup() {
  size(1280, 960);
  img = loadImage( space.png );
  img.filter(THRESHOLD);
  textAlign(CENTER);
  textSize(20);
  fill(255);
  textFont(createFont( Arial , 40, true));
}

void draw() {
  background(0);
  image(img, 0, 0);
  fill(255);
  textSize(40);
  textMode(CENTER);
```

7 '우주 여행' 이라는 컨셉의 과학 체험관에서 개최하는 체험활동 홍보 포스터가 완성되었습니다.

8 작업한 Processing 결과 화면을 이미지로 저장해야합니다. 결과물을 공유하기 위해서는 jpg나 png파일로 저장하는 것이 좋습니다. 마지막으로, ChatGPT에 만든 이미지를 저장하기 위한 코드를 요청한 뒤, 스케치 코드를 실행하여 이미지를 파일로 저장해봅시다.	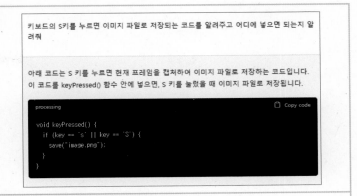
9 [문서-Processing-스케치파일명] 폴더에 저장된 이미지를 확인합니다.	

확장하기

완성된 이미지의 여러 가지 버전을 만들어 저장해봅시다. 이미지를 변경하거나, 글씨 폰트를 변경하거나 이미지 크기를 변경하여 원하는 형태의 홍보 포스터를 완성합니다.

❶ **이미지 변경, 적용하는 명령어 :** img = loadImage("img.png"); //"img.png"안에 변경 저장한 이미지의 이름과 파일 형식을 정확히 적는다.

❷ **글씨 폰트를 바꾸는 명령어 :** textFont(createFont("Serif", 50, true)); // 두꺼운 50크기 Serif 글씨체로 설정

❸ **이미지 크기 변경하는 명령어 :** size(1280, 960);

참고 _ 스케치 완성 코드

  참고링크 : https://url.kr/6y7n8l

PART 07

글쓰기 분야

01 ChatGPT로 이메일 쓰기

핵심 키워드   #ChatGPT #Business #E-mail #Letter   레벨 ★☆☆☆☆

실습 목표
• 업무용 메일의 필요요소와 작성요령에 대해 알아본다.
• ChatGPT를 활용하여 업무용 이메일을 작성할 수 있다.
• ChatGPT를 활용하여 감사편지를 작성할 수 있다.

시작하며

업무용 메일은 매우 중요한 비즈니스 커뮤니케이션 도구입니다. 하지만 다양한 목적에 따른 업무용 메일을 잘 작성하여 보내는 일은 쉽지 않은 일입니다. 특히 요즘은 메신저 등 즉각적인 소통이 많이 이루어지다 보니, 일정한 형식과 격식을 갖추어 작성해야 하는 업무용 메일은 더욱 어렵게 느껴집니다. 이제 ChatGPT와 함께 업무용 메일에 대해 알아보고, 일 잘하는 신입사원이 되어봅시다.

생각정리하기

아래의 표를 참고하여 업무용 메일 작성요령에 대해 알아봅시다.

❶ 제목 작성	메일의 제목은 간결하고 명확하게 작성해야 합니다. 예를 들어, "회의 일정 변경 안내"와 같은 제목으로 본문의 내용 요약하여 작성하면 수신자가 빠르게 이메일의 주요 내용을 파악할 수 있습니다.
❷ 인사말 작성	본문을 작성하기 전, 간단한 인사말로 시작하여 본인을 소개해주는 것이 좋습니다. 예를 들어, "안녕하세요. GPT미디어 편집팀 한ㅇㅇ 사원입니다."와 같은 내용으로 소속과 직급을 표현할 수 있습니다.
❸ 본문 작성	본문은 간결하고 명확하게 작성해야 합니다. 예를 들어, "요청하신 ㅇㅇ사업계획서 최종본 전달 드립니다."와 같이 작성하여 메일의 목적과 내용을 알려줄 수 있습니다.
❹ 마무리 작성	마무리는 "감사합니다.", "고맙습니다."와 같은 표현으로 시작하며, "앞으로도 많은 협조 부탁드립니다."와 같은 감사의 마음을 표현하는 문장으로 마무리합니다. 송신자의 웹 명함이나 연락처를 기재하는 것도 좋은 방법입니다.
❺ 첨부파일	모바일로도 메일을 읽는 경우가 많으므로 파일 크기는 작게, 별도의 프로그램 설치 없이 확인이 편한 PDF 파일로 첨부하는 것이 좋습니다. 중요한 첨부파일 같은 경우는 본문에 첨부파일이 있음을 언급하는 것도 좋습니다.

마지막으로 수신인 메일주소, 메일 내용 오타, 첨부파일 누락 등을 확인하는 것이 좋습니다. 메일 한 통으로 회사의 이미지와 신뢰도를 결정할 수도 있는 만큼 올바른 메일 작성법에 대해 알아두도록 합시다.

실습해보기 _ 예제 1

거래처에 업무용 메일을 보낼 수 있도록 필요한 내용을 기재해서 요청해 보겠습니다.

 거래처 GPT방송국 김 과장님에게 'AI동영상기술을 활용한 뮤직비디오 제작'과 관련한 사업계획서를 보내는 내용의 업무용 이메일을 작성해줘. 일정상 회의 날짜는 23년 3월 30일 목요일에서 4월 둘째 주로 변경해야 하는데 어떤 날짜가 좋은지도 정중히 물어봐 줘. 깊은 감사를 표현하는 인사로 마무리 해줘. 보내는 이는 GPT미디어 한 사원이야.

 [이메일 제목: AI동영상기술을 활용한 뮤직비디오 제작 사업계획서 전달 및 회의 일정 조정 요청]

안녕하세요, GPT방송국 김 과장님.

저는 GPT미디어의 한 사원입니다. 우선 저희 회사가 지난 회의에서 언급한 'AI동영상기술을 활용한 뮤직비디오 제작' 관련 사업계획서를 첨부하여 전달드립니다. 시간이 되실 때 검토해주시면 감사하겠습니다.

그리고 현재 저희 일정상 기존 2023년 3월 30일 목요일로 예정되어 있던 회의를 4월 둘째 주로 변경해야 하는 상황이 발생하였습니다. 김 과장님께서 괜찮으시다면 아래 일정 중 괜찮은 날짜를 알려주시면 감사하겠습니다.

2023년 4월 10일(월요일)

(중략)

2023년 4월 14일(금요일)

김 과장님의 바쁜 일정에 시간을 내주시고 귀한 의견을 나눠주셔서 진심으로 감사드립니다. 김 과장님의 건승과 GPT방송국의 더 큰 발전을 기원하며, 다가오는 회의에서 좋은 결과가 있기를 바라겠습니다.

감사합니다.

GPT미디어 한 사원 드림

ChatGPT가 매우 그럴듯하게 잘 작성해주기 때문에 맹목적으로 의존하기 쉽지만, 업무용 메일에 대한 필수 구성요소에 대한 이해가 있어야 ChatGPT가 작성한 메일에 빠진 부분이 없는지, 잘 작성되었는지 알아볼 수 있습니다. 내용에 대한 이해와 적절한 검수가 동반되어야 더욱 시너지가 생겨날 것입니다.

실습해보기 _ 예제 2

감사한 마음을 편지에 담아 표현하는 일은 결코 쉽지 않은 일입니다. 더욱이 편지 쓰는 일이 갈수록 줄어드니 내 마음을 제대로 표현해 줄 필력이 아쉬울 따름입니다. ChatGPT의 도움을 받아 은사님께 감사편지를 작성해 보도록 합시다.

 고등학교 3학년 마지막 중요한 시기에 정신적 지주가 돼주신 담임선생님께 존경의 마음과 감사함을 담아 감사편지를 써주세요.
체력이 떨어져 체육 시간에 쓰러진 저를 업고 양호실까지 가주셨던 것. 약을 지어 집까지 데려다주신 것. 수능 응원이 담긴 손 편지. 일화를 포함해주세요. 제자 지은우가 보내는 편지입니다. 따뜻한 톤으로 작성해주세요.

 [제목: 담임 선생님께 감사의 마음 전합니다]

존경하는 담임 선생님께.

안녕하세요? 저는 지은우입니다. 고등학교 3학년의 마지막이 다가오는 이 시점에, 선생님께 정말 감사하다는 마음을 전하고 싶어서 이 편지를 씁니다. 이렇게 중요한 시기에도 선생님은 항상 저희 학생들을 응원해주시고, 우리를 격려해주셨습니다.

(중략)

마지막으로, 저희 학교 생활이 끝나가는 이 시점에서, 선생님의 정성에 감사드립니다. 앞으로도 선생님의 가르침을 잊지 않고 더 좋은 사람이 되겠습니다. 선생님께서도 건강하시고 항상 행복하시길 바랍니다.

진심으로 감사드립니다.

지은우 드림.

ChatGPT를 통해 감사함이 묻어나는 편지글이 잘 완성되었습니다. 선생님과 잊지 못할 추억과 감정들을 더 상세히 적어서 더욱 진실한 편지가 될 수 있도록 ChatGPT와 편지를 계속해서 작성해 보세요.

확장하기

ChatGPT는 다양한 분야에서 작문 실력을 인정받고 있습니다. 고객 댓글에 대한 대댓글 작성은 자영업자들이 중요한 업무 중 하나이며, 고객서비스와 마케팅에 직결됩니다. 고객에게 감사함을 전하는 댓글이지만, 같은 내용만 반복되는 것은 진정성을 전하기엔 아쉬운 면이 있습니다. 이 분야에서도 ChatGPT를 통해 다양한 종류의 대댓글을 작성하여 고객 댓글에 적용해보도록 합시다.

국내산 닭, 국내산 재료만을 사용하는 GG치킨. 배달 앱에 고객 댓글에 작성할 대댓글을 10가지 작성해 주세요

 ❶ 감사합니다! 우리는 항상 고객님의 건강과 맛에 대한 믿음을 가지고 최선을 다하고 있습니다.

❷ 맛있게 드셨다니 기쁩니다! 계속해서 좋은 맛과 서비스로 보답하겠습니다.

❸ 고객님의 뜨거운 성원에 감사드립니다. 앞으로도 최고의 맛과 서비스로 보답하겠습니다.

❹ 이번 주문도 저희 GG치킨을 선택해주셔서 감사합니다! 맛있는 음식과 만족스러운 서비스로 보답하겠습니다.

❺ 고객님의 좋은 소식 들어서 기쁩니다! 앞으로도 최선을 다해 더욱 나은 맛과 서비스를 제공하겠습니다.

❻ 고객님의 행복한 맛집 발견에 기쁩니다! 언제나 최고의 맛과 서비스로 보답하겠습니다.

❼ 이번에도 만족스러운 맛과 서비스를 제공할 수 있어서 기쁩니다. 더욱 노력해서 더 나은 메뉴와 서비스를 제공하겠습니다.

❽ 고객님의 소중한 의견 감사합니다! 피드백을 반영하여 더욱 맛있는 메뉴와 만족스러운 서비스로 보답하겠습니다.

❾ 고객님의 의견이 저희에게 큰 힘이 됩니다. 항상 최선을 다하는 GG치킨이 되겠습니다. 감사합니다!

❿ 소중한 의견 감사합니다! 더욱 맛있고 건강한 메뉴를 제공하기 위해 노력하겠습니다.

02 ChatGPT로 작사가 되기

핵심 키워드 #ChatGPT #deepL #노래가사 #작사가   레벨 ★☆☆☆☆

실습 목표
- 노래 가사를 만드는데 필요한 구성 요소가 무엇인지 이해할 수 있다.
- ChatGPT와 deepL을 적절하게 사용하여 주제에 맞는 노래 가사를 작성하는 방법을 익힐 수 있다.
- ChatGPT를 활용하여 적절한 단어와 문장들을 조합하고, 자신의 스타일에 맞는 창작물을 만들 수 있다.

시작하며

노래 가사 작성은 창작의 영역이기 때문에 자신만의 스타일과 특색을 가지는 것이 중요합니다. 따라서 ChatGPT를 활용하여 노래 구성 요소에 맞게 가사의 작성을 요청한 뒤에는, 작가 자신만의 스타일로 주제와 감정에 집중하여 각색하는 작업이 필요합니다. ChatGPT 기술을 적절히 활용하면서 자신이 좋아하는 분위기나 스타일에 맞게 작사한다면 훌륭한 노래가 완성될 수 있습니다.

생각정리하기

노래 가사를 만드는 데에는 여러가지 구성 요소가 필요합니다. 그중에서도 가장 중요한 구성 요소는 다음과 같습니다.

1 주제 : 노래 가사를 작성하기 전에 노래의 주제를 정하는 것이 중요합니다. 주제는 노래에서 전달하고자 하는 메시지나 감정에 대한 핵심 요소가 됩니다.

2 가사의 구성 : 가사는 일정한 구성이 반복되는 구조입니다. 대개는 여러 개의 절로 이루어져 있으며, 각 절은 일정한 길이와 리듬을 가지고 있습니다. 일반적으로 가사의 구성은 [인트로-벌스(절)-후렴(코러스)-브릿지-아웃트로]로 짜여 있으며, 가사의 구성을 이해하면 곡의 기승전결을 파악할 수 있습니다.

3 단어의 선택 : 가사에서 사용되는 단어는 주제와 노래의 분위기와 일치해야 합니다. 적절한 단어의 선택은 가사의 퀄리티를 높이는 데 중요한 역할을 하며, 듣는 사람들에게 특정한 감정을 전달하는 데 도움이 됩니다.

4 반복 : 노래 가사에서는 특정한 구절이나 문장을 반복해서 사용하는 경우가 많습니다. 이를 통해 듣는 사람들이 가사를 더욱 쉽게 이해하고 외우기 쉽게 만들 수 있습니다.

❶ 주제	노래의 주제를 정합니다. 주제는 노래에서 전달하고자 하는 메시지나 감정을 담아 한 줄로 정리합니다.
❷ 스토리	주된 상황과 배경을 설정합니다. 자신에게 있었던 일 혹은 들은 이야기가 노래의 내용과 주제가 될 수 있습니다.
❸ 대상	노래의 목적에 따라 노래를 전달하고자 하는 대상이 달라집니다. 예를 들어 사랑 노래는 연인들에게 전달되는 노래일 수 있습니다.
❹ 분위기	노래의 분위기는 전체적인 비트나 박자를 결정하는 데 큰 역할을 합니다. 어떠한 감정을 어떤 분위기로 전달할지 정합니다.
❺ 단어의 선택	자주 반복되는 단어를 위주로 노래의 키(key) 메시지가 될 단어를 정합니다. 적절한 단어의 선택은 노래의 제목을 정하는 데 도움을 줄 수 있습니다.

실습해보기 _ 예제 1

주제와 스토리, 분위기를 정리하여 노래의 구성 요소를 ChatGPT에 제시한 뒤, 가사를 요청해 봅시다.

❶ 주제 : 금단의 사랑
❷ 스토리 : 로미오와 줄리엣은 각각 서로 적대관계인 가문의 자손으로 태어나 사랑에 빠집니다. 두 사람은 서로를 매우 사랑했지만, 집안의 반대와 주변 사람들의 압박으로 인해 사랑이 이루어지지 못하고 비극적인 결말을 맞이합니다.

위의 내용을 담은 노래 가사를 작사해줘.

ChatGPT가 만들어준 내용을 확인해 보고 자신이 수정하고 싶거나 강조하고 싶은 내용을 추가로 요청할 수 있습니다.

Verse 1:
두 사람은 서로 처음 봤을 때
떨리는 마음을 감추지 못했어
그 순간부터 서로의 마음을 알았고
한 순간도 떨어질 수 없는 사랑이 시작됐어
Chorus:
우리 사랑은 저 끝까지
한사람 같이 걸어갈거야
사랑이라면 두려움 없이
끝까지 함께할게

Verse 2:
하지만 우리 사랑은 금단의 사랑
서로를 분리하는 것은 가문의 편견이야
그래도 우리 사랑은 진실하니까
어떤 시련도 이겨낼 수 있을거야

Chorus:
우리 사랑은 저 끝까지
한사람 같이 걸어갈거야
사랑이라면 두려움 없이
끝까지 함께할게

Bridge:
누구에게도 희생될 수 없는 사랑
서로를 위해서라면 뭐든 다 할게
우리의 사랑이 이루어질 때까지
하루도 빼놓지 않고 기다릴게

 (중략)

이번에는 노래의 길이와 대상, 키(key) 메시지를 특정하여 수정을 요청해 보도록 하겠습니다.

❶ 대상 : 10대 청소년
❷ 메시지 : 아름다운 우정과 사랑
❸ 길이: 3분 이내

위 노래를 위의 내용을 담은 노래 가사로 수정해줘.

Verse 1:
너와 함께 뛰어놀면서
언제나 친구가 될 거야
내 마음속에 꿈을 꾸며
우리의 이야기를 시작해

Chorus:
아름다운 사랑 노래 불러
슬픈 이별은 잊어줄게
하나둘씩 세어가며
내가 항상 네 곁에 있을게

Verse 2:
가끔은 울어도 괜찮아
내가 널 안아줄 테니까
우리 함께 걸어갈 길을
내 손을 꼭 잡고 가볼래

Chorus:
아름다운 사랑 노래 불러
슬픈 이별은 잊어줄게
하나 둘씩 세어가며
내가 항상 네 곁에 있을게

Bridge:
세상에 우리 사이에

> 어떤 시련이 찾아와도
> 우리의 사랑은 이길 거야
> 나와 함께 이 길을 걸어봐
> (중략)

위의 예시처럼 흔히 알고 있는 스토리를 주제로 가사를 만든다면, 처음부터 ChatGPT에게 '로미오와 줄리엣을 주제로 한 노래 가사를 작성해줘.'라고 요청할 수도 있습니다. 다만, ChatGPT는 학습된 결과의 스토리와 주제를 바탕으로 답변을 생성하기 때문에 내가 특정하지 않은 어렵거나 어색한 단어가 가사로 제시될 수도 있습니다. 매끄럽지 못한 부분은 작가가 스스로 판단하여 수정 요청할 수도 있지만, 처음부터 주제와 스토리, 분위기, 메시지 등을 특정지어 상세하게 요청한다면 작업의 양을 더욱 줄일 수 있습니다.

또, 처음 요청하여 얻은 결과의 가사가 마음에 들지 않을 경우에는 재차 질문을 요청하여 결과를 업그레이드 시킬 수도 있습니다. ChatGPT는 요청할 때마다 조금씩 다른 결과를 출력하므로 단계별로 나누어 질문하여 결과를 디테일하게 완성해나가거나, 여러 번 같은 질문을 요청한 뒤 마음에 드는 답변을 선택할 수도 있습니다.

실습해보기 _ 예제 2

영어로 된 가사를 요청할 때는 ChatGPT에 직접적으로 '영어로 만들어줘'라고 요청할 수 있습니다. ChatGPT는 학습된 데이터의 양이 영어 비중이 높기 때문에, 한글로 된 글의 요청보다는 영어로 된 글의 요청에 응답이 더 빠른 경우가 많습니다. 또 질문의 의미를 잘 이해하지 못하거나 요청한대로 알맞게 응답하지 않는 경우도 있기 때문에, 글 안의 맥락과 단어의 의미를 정확하게 번역하여 요청하는 것이 작가가 원하는 방향에 맞게 결과물을 생성하는 방법이 될 수 있습니다.

다음의 주제와 스토리, 분위기를 정리하여 deepL(https://www.deepl.com/)에 영어로 번역 요청한 뒤, ChatGPT에 영어 가사를 요청해 봅시다.

> ❝ **DeepL** : DeepL은 인공지능 기술을 이용한 번역 서비스를 제공하는 사이트입니다. 이 사이트는 번역의 정확도와 자연스러움에서 기존 번역 서비스보다 높은 평가를 받고 있습니다.

❶ 주제 : 학생들의 힘든 삶
❷ 스토리 : 요즘 학생들은 학교와 학원 숙제 시험으로 가득한 세상에서 살고 있습니다. 학창 시절에만 즐길 수 있는 '꿀잼요소'들을 느끼지 못하고 다양한 경험도 하지 못하며 숙제와 공부에 치여 잠자는 시간도 줄어듭니다. 학생들이 스스로 무엇을 하고 싶은지 찾았으면 합니다. 목표가 있고 자기 주도적으로 하고자 하는 일을 찾아서 하는 삶이 중요하다는 것을 알려주어야 합니다.
❸ 분위기 : 진취적인, 희망적인

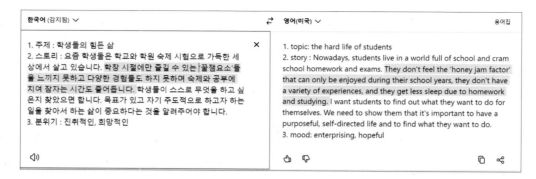

번역된 결과는 클립보드 이미지를 클릭하면 ChatGPT 창에 복사-붙여넣기 할 수 있습니다.

물론, 번역기를 사용하여도 특정 사회 안에서 통용되는 신조어나 줄임말을 정확하게 번역하지 못하는 경우도 있습니다. 예를 들어, '꿀잼 요소'를 deepL에서는 'honey jam factor' 글자 그대로 번역하는 오류를 범하기도 합니다. 작가는 위의 오류들을 파악하여 정보를 걸러낼 수 있어야 합니다.

❶ topic: the hard life of students

❷ story : Nowadays, students live in a world full of school and cram school homework and exams. They don't feel the 'fun stuff' that can only be enjoyed during their school years, they don't have a variety of experiences, and they get less sleep due to homework and studying. I want students to find out what they want to do for themselves. We need to show them that it's important to have a purposeful, self-directed life and to find what they want to do.

❸ mood: enterprising, hopeful

위 내용이 들어간 1분 이내의 영어 랩 가사를 만들어줘

Verse 1:

School and cramming, it's a hard life
Homework and exams, endless strife
No time for fun, no time to play
Just study and work, every single day

Chorus:

But don't give up, don't lose sight
Find your purpose, ignite your light
You can succeed, you can thrive
Believe in yourself, let your dreams come alive

Verse 2:

Don't let the system hold you down
Break free, and wear your crown
Find what you love, what sets your soul on fire
Make it your life's work, and never tire

Chorus:

But don't give up, don't lose sight

Find your purpose, ignite your light
You can succeed, you can thrive
Believe in yourself, let your dreams come alive

Bridge:
It's not easy, the road ahead is tough
But your passions and dreams are enough
Keep pushing forward, with hope in your heart
And you'll reach the finish line, with a brand new start

(중략)

확장하기

이렇게 작사가로서 가사 준비가 완성되었다면, 내가 만든 노래 앨범의 재킷 이미지나 홍보물을 어떤 방향으로 구상할지 ChatGPT와 고민해볼 수 있습니다. 이제, 앨범의 제작자가 되어 만들어진 노래를 홍보하는 방안을 구상하기 위해 ChatGPT를 아래와 같이 활용해 봅시다.

이 노래의 앨범 재킷 이미지를 만들 거야. 어떤 구성으로 만들면 좋을지 알려줘

이 노래의 앨범 재킷 이미지를 만들 때, 학생들이 공부하고 열심히 노력하는 모습과 함께 자기 발견과 성장의 과정을 표현할 수 있는 구성을 추천합니다.

- 앨범 제목: "Discovering My Path" 또는 "Finding My Purpose"
- 배경: 학교 교실 또는 도서관을 배경으로 하며, 학생들이 책상에 앉아 공부하고 있거나, 책을 빌리는 모습 등을 표현한다.
- 주요 이미지:
    학생들이 책을 읽고 쓰는 모습
    밤늦게 공부하는 학생들의 모습
    자기 발견을 위해 다양한 경험을 하는 학생들의 모습 (예: 여행, 취미활동, 봉사활동 등)
    다양한 직업군을 나타내는 이미지 (예: 의사, 교수, 예술가, CEO 등)
    자신의 꿈과 열정을 표현하는 학생들의 모습
    성공을 달성한 학생들의 모습
- 컬러 스키마: 밝고 활기찬 색상을 사용하여, 자기 발견과 성장의 긍정적인 에너지를 전달한다.
- 앨범 재킷 디자인: 단순하면서도 강렬한 그래픽 요소와 글씨체를 사용하여, 앨범의 주제와 분위기를 잘 반영한다. "Discovering My Path" 또는 "Finding My Purpose"와 같은 앨범 제목은 큰 글씨체로 강조한다. 앨범의 디자인은 자기 발견과 성장의 과정을 대표하는 그래픽 요소와 학생들의 모습 등을 조합하여 만든다.

03 ChatGPT로 기사 타이틀 만들기

핵심 키워드 · #ChatGPT #기사 #제목 #기자 · 레벨 ★☆☆☆☆

실습 목표
· 메모한 내용을 토대로 ChatGPT를 활용하여 기사 원고를 작성할 수 있다.
· ChatGPT를 활용하여 시선을 사로잡는 기사 제목을 만들 수 있다.

시작하며

기사는 신문, 잡지, 온라인 뉴스 등에서 발행되는 것으로, 현재의 사건, 문제, 행사, 인물 등을 다루는 글을 말합니다.

기사 제목은 기사의 성공 여부를 좌우하는 중요한 역할을 합니다. 이는 독자의 눈길을 끌어 기사를 읽게 만들어, 정보를 전달하고, 사회적 논의의 중심이 되기도 합니다. 그렇기 때문에 기사 제목은 정확하면서도 간결하고 흥미로운 내용으로 작성해야 합니다. 또한, 검색 엔진 최적화(SEO)를 고려하여, 검색어를 포함하는 기사 제목을 작성하는 것이 중요합니다.

ChatGPT를 활용하여 기사를 작성해보고, 시선을 사로잡는 기사 제목도 만들어 보도록 합시다.

생각정리하기

기사는 다양한 형태와 목적으로 작성됩니다. 일반적인 기사 종류는 다음과 같습니다.

❶ 뉴스 기사 (News article)	현재의 사건, 사고, 이슈, 행사 등을 다루는 기사로, 대개 가장 최근의 정보를 담고 있습니다.
❷ 특집 기사 (Feature article)	특정한 주제나 인물, 사건 등에 대해 자세히 다루는 기사로, 여러 개의 부제나 섹션으로 나누어져 있을 수 있습니다.
❸ 연설문 (Speech)	대개 정치인, 사회 활동가, 기업인, 연예인 등이 대중 앞에서 발표하는 말로, 이를 기사로 전환하여 보도할 수 있습니다.
❹ 사설 (Editorial)	언론사나 기자가 자신의 견해나 의견을 밝히는 기사로, 대개 신문의 편집부에서 작성합니다.
❺ 인터뷰 (Interview)	인물이나 단체, 기관 등에 대해 질문을 하고 대답을 받아 그 내용을 담는 기사로, 대개 대상이 되는 인물이나 주체가 누구인지 명시됩니다.

❻ 인터뷰 (Interview)	일반인이나 전문가, 기관 등이 언론사에 제출하는 기사로, 자신의 의견을 밝히거나 분석, 연구 결과를 소개하기도 합니다.
❼ 리뷰 (Review)	영화, 책, 음악 등의 작품을 평가하고 분석하는 기사로, 대개 객관적인 기준을 바탕으로 작성됩니다.
❽ 해설 (Analysis)	정치, 경제, 사회 등의 분야에서 일어나는 이슈나 문제를 깊이 있는 관점에서 분석하여 설명하는 기사입니다.
❾ 기타	이 외에도 광고, 프로모션, 인터넷 블로그 등에서 사용되는 다양한 형태의 기사가 있습니다.

기사를 작성할 때 중요한 점은 제목과 내용을 신중하게 고려하는 것입니다. 객관적이고 정확하게 작성해야 하며, 논리적으로 구성하여 목적과 독자층을 명확히 설정해야 합니다. 문장과 단락은 간결하게 작성하고, 적절한 그래픽 요소를 사용하여 내용을 효과적으로 전달해야 합니다. 마지막으로, 편집을 통해 작성한 내용을 검토하고 수정하여 완성도를 높여야 합니다.

실습해보기 _ 예제 1

이제 내가 만들어보고 싶은 기사의 형태와 주제를 정하고, ChatGPT와 함께 기사를 작성해 보겠습니다.

학교폭력 심각성에 관한 기사를 작성.
[서론]
현재 넷플릭스 방영 중인 더글로리 드라마에서 소재로 다룬 학교폭력이 드라마의 인기를 끌면서 사회적으로도 이슈가 되고 있다.

[본론]
청소년들의 학교폭력의 실태와 과거와 현재를 비교하여 심각성을 알릴 필요가 있음
폭력에 노출된 피해 학생들이 어떤 후유증이 있는지 설명.
가해 학생들의 솜방망이 처벌 실태를 설명.

[결론]
학교폭력을 예방하기 위한 노력에 대한 결론으로 마무리.

[제목: 학교폭력의 심각성과 예방 노력]

[서론]
요즘 넷플릭스에서 방영 중인 드라마 '더글로리'에서 학교폭력이 주요 소재로 다루어지고 있습니다. 이로 인해 학교폭력 문제가 사회적인 이슈로 떠오르고 있으며, 청소년들 사이에서도 큰 관심을 끌고 있다.

[본론]

학교폭력은 시대가 변함에 따라 다양한 형태로 나타나고 있지만, 그 심각성은 여전히 큰 문제로 남아 있습니다. 과거와 현재의 학교폭력 실태를 비교하면, 전자는 주로 신체적인 폭력에 중점이 두어졌으나, 후자는 심리적인 폭력이나 사이버 폭력 등 다양한 방식으로 발생하고 있다는 것을 알 수 있습니다.

(중략)

[결론]

학교폭력의 심각성을 인지하고 예방하기 위해서는 교육자, 학생, 학부모 등 모든 이해관계자들의 노력이 필요합니다.

(중략)

교육자, 학생, 학부모뿐만 아니라 정부, 지역사회, 언론 등 다양한 분야에서의 협력과 공감대 형성이 중요하며, 지속적인 관심과 투자가 필요합니다. 이를 통해 학교폭력이 없는 안전하고 행복한 학교를 만들어 나갈 수 있을 것입니다.

기사의 신뢰도를 높이기 위해 통계자료를 근거한 기사를 작성하도록 추가로 요청해 봅시다.

 좀 더 자세하게 실제 통계 자료조사를 본론에 포함해서 다시 작성해줘

 [제목: 학교폭력의 심각성과 예방 노력]

[서론]

요즘 넷플릭스에서 방영 중인 드라마 '더글로리'에서 학교폭력이 주요 소재로 다루어지고 있습니다. 이로 인해 학교폭력 문제가 사회적인 이슈로 떠오르고 있으며, 청소년들 사이에서도 큰 관심을 끌고 있다.

[본론]

학교폭력은 시대가 변함에 따라 다양한 형태로 나타나고 있지만, 그 심각성은 여전히 큰 문제로 남아있습니다. 한국청소년폭력예방연구소(KYRBS)의 2021년 조사에 따르면, 학교폭력 가해자 비율은 7.2%로 전년도보다 0.9%포인트 감소했지만, 여전히 많은 학생들이 폭력에 시달리고 있다고 보고되었습니다.

(중략)

ChatGPT-4는 2021년 9월까지의 학습된 내용을 토대로 글을 생성해주기 때문에 최신 뉴스에 관한 내용을 요청하면 불확실한 정보로 그럴듯하게 꾸며내어 작성해주기도 합니다. 이 점을 유의해서 기사를 작성해야 합니다.

실습해보기 _ 예제 2

기사 내용에 알맞은 기사 제목도 ChatGPT에게 요청해보도록 합니다.

 위 기사의 제목을 만들어줘

 "학교폭력, 심각한 사회적 이슈로 부각되며 대처 방안 모색"

마음에 드는 기사 제목이 나올 때까지 추가로 다른 제목을 요청할 수 있습니다.

 독자의 시선을 끌 수 있는 3가지 제목을 더 만들어줘

 "나도 당할 수 있는 위험, 학교폭력에 대한 인식 부족"
"학교에서는 안전하게! 학교폭력 예방에 대한 노력 필요"
"가해자도 피해자도 안전한 학교, 학교폭력 예방을 위한 대책 마련"

ChatGPT와 함께 내가 전달하고자 하는 기사 주제와 내용을 빠르게 작성해 보았습니다. 현장감 있는 인터뷰나 직접 조사한 자료를 첨가하면 더욱 훌륭한 기사가 될 수 있습니다.

ChatGPT로 다양한 기사를 작성하면서 글의 형태, 논리 구조를 익히고, 나만의 특색 있는 기사로 만들어 봅시다.

확장하기

작성된 기사를 토대로 ChatGPT를 활용하여 학교폭력 예방 캠페인을 준비해 봅시다.

 기사 글을 토대로 캠페인 제목을 만들고, 홍보 포스터에 활용할 문구를 작성해줘.

 캠페인 제목 "우리 모두 학교폭력, NO!"에 대한 홍보 포스터 문구는 다음과 같이 작성될 수 있습니다:

학교에서는 배울 게 많아야지, 폭력은 NO!
함께 만드는 평화로운 학교, 우리가 시작합니다.
나도 당할 수 있는 위험, 학교폭력에 대한 인식을 높여요.
모두가 건강하게 자라나는 학교, 우리가 함께 만들어갑니다.
폭력은 NO, 우리가 바꿔나가는 학교문화.
학교폭력 NO! 즐겁게 배우며 성장하는 학교문화를 만들어요.

학교에서는 배울 게 많아야지, 폭력은 NO! : 포스터 문구에 알맞은 포스터 이미지를 구성해줘

 캠페인 제목과 포스터 문구를 고려하여 학교에서는 폭력을 금지하고, 배울 것에 집중해야 한다는 메시지를 전달하는 이미지를 제작해보겠습니다.

[이미지 설명]

학생들이 함께 수업을 듣고 있습니다. 모두가 열심히 수업에 집중하고 있습니다.

강사가 학생들에게 수업을 설명하고 있습니다. 칠판에는 수학 공식이 적혀 있습니다.

뒷배경으로는 학교 교실이 보입니다. 벽에는 'NO VIOLENCE'라는 문구가 적혀 있습니다.

이미지에서는 학생들이 수업에 집중하고, 강사가 열심히 수업을 설명하는 모습을 보여줍니다. 학교 교실의 분위기를 전달하기 위해 강사와 학생들, 칠판 등을 포함하여 구성했습니다. 또한, 포스터 문구에서 강조한 'NO'와 '!', '배울 게 많아야지', '폭력은' 등의 단어를 적극적으로 활용하여 메시지를 강조했습니다.

ChatGPT에서 아직은 이미지에 대한 묘사만 하고 있지만 곧 멀티모달 기능이 업데이트되면 텍스트뿐만 아니라 문장에 연관된 이미지도 빠르고 효과적으로 찾아주는 기능이 업그레이드 될 예정입니다.

> **❝ 멀티모달(Multi Modal)이란?**
>
> 멀티모달은 다양한 입력 모드를 통해 정보를 전달하고 결과를 도출하는 인공지능 기술입니다. 기존에는 텍스트에 중점이 되어있었지만, 멀티모달에서는 텍스트, 사진, 음성, 제스처, 생체신호, 표정, 신호 등 다양한 입력을 통해 결과를 도출합니다. 예를 들어, 영화 추천 시스템에서는 사용자의 선호도와 함께 시청한 영화 장면 등의 입력을 분석하여, 보다 정확한 영화 추천을 제공할 수 있습니다.

04 ChatGPT로 강의계획서 만들기

핵심 키워드	#ChatGPT #강의계획서	레벨 ★☆☆☆☆
실습 목표	• 강의계획서를 작성하는데 필요한 정보와 구조, 내용을 조사하고 정리할 수 있다. • ChatGPT를 활용하여 강의 목차와 내용을 주차별, 일자별로 구성하여 만들 수 있다. • 강의 방법과 목표, 주제에 따른 강의 일정을 계획하는 능력을 향상시킬 수 있다.	

시작하며

강의계획서는 강의를 계획하고 수행하는 데 필요한 정보와 지침을 제공하는 문서입니다. 일반적으로 강의의 목적, 주제, 내용, 방법, 일정, 평가 등을 포함합니다. 강의계획서를 작성하기 위해서는 다음의 요소들을 구성하고 각 항목에 맞는 내용을 상세하게 작성해야 합니다.

– 강의 목적(목표), 강의 주제, 강의 내용, 강의 방법, 강의 일정, 평가 방법

이번 장에서는 ChatGPT를 활용하여 강의계획서를 쉽고 빠르게 만드는 방법들을 알아봅니다. 강의 주제에 맞는 신선한 강의 제목을 설정하는 방법부터, 각 항목에 필요한 상세내용을 구체화하는 방법, 강의 일정에 따라 주차별, 일자별 구체적인 강의 내용과 강의안을 구성하는 방법에 대해 실습해 보며 강의계획서 작성 능력을 향상시켜 봅시다.

생각정리하기

❶ 강의 목적(목표)	강의계획서는 강의의 목적과 목표를 명확하게 설정해야 합니다. 강의 목적은 수강생들이 어떤 것을 배우고, 어떤 능력을 향상시킬지에 대한 목표입니다.
❷ 강의 주제	강의 주제는 강의의 중심이 되는 내용을 나타냅니다. 이는 강의 계획의 핵심이 되며, 강의 내용과 방법, 일정 등을 결정하는 데 중요한 역할을 합니다.
❸ 강의 내용	강의 내용은 강의의 주제를 세부적으로 구체화하며, 강의 흐름과 일정에 맞게 차시별로 작성합니다. 강의 내용은 강의의 목적과 학생들의 학습 수준에 따라 조정될 수 있습니다.
❹ 강의 방법	강의 방법은 강의의 목적과 내용에 따라 적합한 교수법을 선택하는 것입니다. 강의 방법에는 강의 노트, 교재, 토론, 그룹 프로젝트, 시험, 연구 등이 포함될 수 있습니다.

❺ 강의 일정	강의 일정은 강의 기간과 일정을 나타냅니다. 학기별 강의 기간을 설정할 수 있고, 특강의 경우 시간별 차시로 나누어 계획할 수 있습니다.
❻ 평가 방법	평가 방법은 학생들의 학습 성과를 평가하는 방법입니다. 이는 강의의 목적과 내용, 강의 방법에 따라 다양한 평가 방법을 선택할 수 있습니다. 평가 방법은 시험, 프로젝트, 논문, 출석 등이 있을 수 있습니다.

ChatGPT를 활용하면 강의계획서 각 항목에 알맞은 상세 내용을 쉽게 작성할 수 있습니다. 그러나, 강의계획서도 작성자의 의견과 계획을 담은 창작 결과물에 속하므로 ChatGPT를 적절하게 활용하여 쉽고 빠르면서도, 결과물을 효과적으로 재생산하는 방법을 배워봅시다.

실습해보기 _ 예제

❶ 강의 주제 : 인공지능의 이해, 다양한 인공지능 프로그램 실습과 인공지능 관련 미래 직업군에 대한 이해
❷ 강의 대상 : 초등학교 4~6학년 학생
❸ 강의 일정 : 15주 차(30차시)
❹ 강의 방법 : 실습과 프로젝트 발표 포함

위 내용을 담은 강의의 제목을 정하고, 강의목표와 15주(30차시) 강의 내용을 적어줘.

• 강의 제목: AI 멋진 세상, 우리가 만들어 보자!
• 강의 목표:
　– 인공지능의 개념과 원리를 이해하고, 다양한 인공지능 프로그램을 실습해보며 활용 방법을 배운다.
　– 인공지능 기술을 활용한 미래 직업군에 대해 이해하고, 자신이 원하는 분야에서 인공지능 기술을 활용한 창의적인 아이디어를 제안할 수 있다.
　– 프로젝트를 통해 팀워크와 발표 능력을 향상시키며, 자신이 직접 만들어낸 인공지능 프로그램을 발표할 수 있다.
• 15주(30차시) 세부 강의 내용:
　1. 인공지능 개념과 역사
　　인공지능의 정의와 기술적 개념 소개
　인공지능의 역사와 발전 과정
　2. 기계학습
　　기계학습의 개념과 종류
　　인공신경망을 활용한 기계학습 실습

　(중략)

　14. 프로젝트 발표
　　자신이 만든 인공지능 프로그램을 발표하고, 다른 팀원들의 발표를 듣고 평가
　15. 마무리
　　강의를 마무리하며 인공지능 기술의 미래에 대해 이야기하고, 자신의 느낀 점과 배운 점을 공유

생성된 결과를 확인하고 수정, 보완할 부분을 찾아 다시 요청합니다. 예를 들어, '강의 제목을 좀 더 신선한 제목으로 바꾸고, 차시별 강의 내용을 2시간 강의 기준으로 상세하게 적고 기대효과도 알려 줘'라고 적어봅시다. 검색 결과가 끊기거나 로딩이 길어질 경우에는 '계속해줘' 'keep going' 등 메시지를 재차 요청합니다.

- 강의 제목: 인공지능의 마법 같은 세계로 빠져들자!
- 강의 목표:
  – 인공지능의 기술과 원리를 이해하고, 다양한 인공지능 프로그램을 실습하며 적용 방법을 습득한다.
  – 인공지능이 미래 사회와 직업에 미치는 영향을 이해하고, 자신이 속한 분야에서 인공지능을 창의적으로 활용하는 아이디어를 제시할 수 있다.
  – 프로젝트를 통해 팀워크와 발표 능력을 향상시키며, 자신이 개발한 인공지능 프로그램을 성공적으로 발표할 수 있다.
- 15주(30차시) 세부 강의 내용:
  1. 인공지능의 정의와 역사 (2시간)
     인공지능 개념과 활용 분야 소개
     인공지능의 역사와 발전 과정 이해
  – 기대효과: 인공지능에 대한 전반적인 이해와 흥미를 불러일으키며, 인공지능의 매력적인 부분에 대한 궁금증을 자극한다.
  2. 기계학습 (2시간)
     기계학습의 개념과 종류 소개
     기계학습 알고리즘을 활용한 프로그래밍 실습
  – 기대효과: 인공지능의 주요 기술 중 하나인 기계학습을 체험하며, 실습을 통해 직접 프로그래밍 해보며 실력을 향상시킨다.

  (중략)

위 방법을 활용하면 참신한 강의 제목과 강의목표, 주차별 강의 주제와 그에 따른 일자별 세부 강의 내용, 기대효과까지 시간대별로 정리하여 강의계획서를 완성할 수 있습니다. 만약 강의 제목이 마음에 들지 않거나 특별히 담아야 할 강의 내용이 있다면 재차 수정을 요청하여 결과를 다시 생성할 수 있습니다. 예를 들어, '유명 데이터 사이언스 특강 수업을 포함하여 15주 프로젝트 수업으로 구성해 줘'라고 요청할 수 있고, '강의 제목을 학생들의 관심을 끌만 한 참신한 단어로 표현해줘'라고 요청할 수도 있습니다.

확장하기

강의계획서를 완성했다면, 수업에 활용할 강의안을 작성해야 합니다. 강의안 프레젠테이션 구성을 어떻게 할지 ChatGPT를 활용하여 아이디어를 구할 수 있습니다.

 위 강의계획서를 바탕으로 강의 프레젠테이션을 만들거야. 1주차 주제인 인공지능의 정의와 역사를 강의 프레젠테이션으로 어떻게 구성할지 슬라이드 별로 자세히 제시해줘

 강의안 프레젠테이션의 구성은 아래와 같이 제안합니다.

Slide 1: 강의 시작
강사 소개
강의 주제 소개

Slide 2: 인공지능에 대한 예비 지식 소개
인공지능의 정의 소개
머신러닝과 딥러닝의 정의 및 차이점 소개

Slide 3: 인공지능의 발전 역사
인공지능의 역사 소개
초기 인공지능 개발과정과 주요 성과 소개

(중략)

Slide 6: 인공지능이 제시하는 과제와 기회
인공지능 발전에 따라 해결해야 할 과제 및 기회 소개
강의 내용을 요약하고 마무리

Slide 7: 출처 및 참고문헌
강의에서 참고한 자료 출처와 참고문헌 소개

강의 프레젠테이션 구성은 대략적인 방법을 제안할 뿐, 학생들의 이해도와 강의 내용, 시간 분배에 따라 슬라이드가 추가, 변경될 수 있습니다. 제시된 강의 구성안을 바탕으로 도형, 이미지, 아이콘 등을 활용하여 독창적인 방법으로 프레젠테이션을 완성하는 것은 강의자의 몫입니다.

마지막으로, 텍스트로 생성된 결과물을 표로 만들어 보기 쉽게 정리하도록 요청합니다.

위 강의계획서의 강의 주제, 목표, 주별 강의 내용을 담은 강의계획서를 표로 만들어줘

 강의 계획서를 표로 만들어 드리겠습니다.

강의 제목	AI Adventures: Explore, Create, and Imagine with Artificial Intelligence!
강의 대상	초등학교 4~6학년 학생
강의 기간	학기 15주차
교육 방법	실습 및 프로젝트 발표 포함

Week	주제	목표	강의 내용
1주차	AI 기초 이해	AI에 대한 이해, 일상생활에서의 활용, AI가 가진 잠재적인 이점 및 단점 이해	- AI의 정의 및 일상생활에서의 활용 - AI가 변화시키는 산업들에 대한 이해 - AI 기술의 분류 및 유형 이해 - AI 학습 방법 및 머신 러닝, 신경망 이해
2주차	AI 프로그래밍 기초	간단한 AI 프로그램 구현, 프로그램 디버깅 및 수정 기술 습득	- Python 언어를 사용한 간단한 AI 프로그램 구현 - 프로그램 디버깅 및 수정 기술 습득
3주차	데이터 수집 및 전처리	데이터 수집 방법 이해, 데이터 전처리 기술 습득	- 데이터 수집 방법 이해 - 데이터 전처리 기술 습득
4주차	지도 학습	지도 학습 방법 이해, 모델 성능 평가 방법 습득	- 지도 학습 방법 이해 - 모델 성능 평가 방법 습득

지금까지 ChatGPT를 활용하여 강의계획서를 작성하고, 더 나아가 강의안 PPT를 작성하기 위한 제언을 얻는 방법에 대해 알아보았습니다. 만약, 강의 소재나 교구, 사용 툴만 정해져 있고 강의 주제를 구체화하기 어렵다면 ChatGPT를 활용하여 소재에 대한 최신 정보나 동향 등의 정보를 얻고 명확하고 구체적인 강의목표와 상세한 주제를 잡도록 도움 받을 수 있습니다.

좋은 강의계획서는 강의를 효과적으로 계획하고 수행하는 데 필요한 정보와 지침을 포함하며, 학생들의 학습 성과를 향상시키기 위해 설계되어야 합니다. 따라서 강의자는 일관성 있는 강의 내용과 학습자 중심의 접근 등을 고려하여 강의계획서가 완성될 수 있도록 ChatGPT로 생성된 결과를 편집-재생산하는 능력을 갖춰야 할 것입니다.

05 ChatGPT로 시놉시스&시나리오 만들기

핵심 키워드	#ChatGPT #시놉시스 #시나리오	레벨 ★☆☆☆☆
실습 목표	• 시놉시스와 시나리오의 차이점을 이해할 수 있다. • 시놉시스&시나리오를 만드는데 필요한 요소를 정의하고, ChatGPT를 활용하여 전개할 수 있다.	

시작하며

시놉시스(synopsis)는 고대 그리스어의 syn(함께)과 opsis (봄)가 합쳐진 말로, 감독이나 배우, 스텝 등에게 영화나 드라마의 내용을 전하기 위해 만들어지는 요약본입니다. 시놉시스를 작성할 때는 작품의 주요 스토리, 캐릭터, 배경 등을 명확하고 간결하게 표현해야 합니다.

반면에 시나리오는 어떤 작품이 만들어질 때 기본이 되는 문서로 각본 또는 극본이라고 합니다. 연극, 영화, 방송 프로그램을 만들고자 사전에 작성하는 글로 영상의 장면, 진행과정 캐릭터의 동작 및 위치 등이 상세히 서술됩니다. 시나리오의 구성 요소는 캐릭터(등장인물), 씬(Scene), 대사, 내레이션(독백 및 해설), 장면 전환입니다.

생각정리하기

❶ 작품 제목	작품의 제목을 간단히 적습니다.
❷ 장르	작품의 장르를 명시합니다. 예를 들어, 로맨스, 스릴러, 판타지 등입니다
❸ 배경	작품의 전반적인 분위기와 이야기의 전개에 큰 영향을 미치는 중요한 요소로 작품 속 시간 및 장소를 의미합니다.
❹ 캐릭터 (등장인물) 소개	작품의 주요 캐릭터(등장인물) 들을 간략히 소개합니다. 이름, 성격, 역할 등을 포함할 수 있습니다.
❺ 로그라인	'이야기의 방향을 설명하는 한 문장' 또는 '한 문장으로 요약된 줄거리'입니다.
❻ 메시지/주제	작품에서 전달하고자 하는 메시지나 주제를 명시합니다. 이는 작품의 핵심적인 내용을 간략하게 설명해주는 역할을 합니다.

시놉시스는 작품의 전반적인 내용을 간략하게 소개하는 것이므로, 자세한 내용이나 감정 등을 더욱 다양하게 표현해야 할 경우에는 ChatGPT보다는 작가의 창의력과 능력이 더욱 중요합니다. 결국, 시놉시스 작성 시에는 ChatGPT를 참고하면서도, 작가 본인의 아이디어와 개성을 적극적으로 반영하여 작품의 퀄리티를 높이는 것이 필요합니다.

실습해보기

주제 및 작품의 의도에 맞게 자신의 생각을 정리하여 각각의 항목에 정리한 후 입력해 줍니다. 이때 주인공의 특성, 로그라인, 글에서 나타내고 싶은 메시지는 작가의 의도대로 진행될 수 있도록 목표를 분명히 정해주는 것이 좋습니다.

❶ 작품 제목 : 지구의 경고
❷ 장르 : 판타지
❸ 배경 : 땅속
❹ 캐릭터 소개
  주인공 : 레이첼, 30대 여성. 로봇 엔지니어
  조니, 20대 남성. 레이첼의 조수로 일하는 열정적인 신입 엔지니어
  AI 로봇 AI-01 : 레이첼의 첫 작품으로 아직은 학습이 덜된 인공지능 로봇
❺ 로그라인
  지구 온난화로 심각한 위기에 처해 있는 지구를 구하기 위한 구하기 위래 고군분투하는 로봇 엔지니어의 성공기
❻ 메시지/주제 : 환경을 보호하고 에너지를 절약하자

위의 내용으로 시놉시스 만들어줘

ChatGPT가 만들어 준 내용을 확인해 보고 자신이 수정하고 싶거나 강조하고 싶은 내용을 추가로 요청할 수 있습니다.

지구는 온난화로 인해 점점 심각한 위기에 처해 있다. 레이첼은 30대의 로봇 엔지니어로, 지구를 구하기 위해 일할 수 있는 로봇을 개발하기 시작한다. 그녀의 조수 조니와 함께 만든 AI 로봇, AI-01은 아직 학습이 덜된 상태이지만 인간의 도움을 받아 성장한다.
레이첼과 조니는 AI-01을 환경 보호 및 에너지 절약을 위한 프로젝트에 도입하려 한다. 지구의 마지막 희망이 되기 위해 레이첼, 조니, 그리고 AI-01은 함께 땅속 세계로 뛰어든다. 이곳에서 그들은 지구의 온난화를 막기 위해 환경을 보호하고 에너지를 절약하는 방법을 찾아야 한다.
땅속 세계에서 그들은 지구의 경고를 무시하던 인간들로 인해 생긴 환경 위기에 직면하게 된다. 이들은 레이첼과 조니의 도움으로 지구를 구하기 위한 모험에 나서게 된다. 레이첼, 조니, 그리고 AI-01은 함께 협력하여 에너지 절약과 환경 보호에 중점을 두고 다양한 도전을 헤쳐 나간다.

지구의 경고는, 실수와 실패를 통해 성장하며, 세 명의 주인공이 지구의 위기를 극복하기 위해 힘을 합치는 이야기를 그린다. 이 작품은 관객들에게 환경을 보호하고 에너지를 절약하는 중요성을 깨닫게 하며, 지구의 미래를 구하기 위한 우리 모두의 책임감을 일깨워 준다.

작품의 전반적인 내용을 간략하게 소개한 시놉시스가 완성되었다면 이번에는 위의 내용을 시나리오로 변경해 보도록 하겠습니다. 시나리오에는 캐릭터(등장인물), 씬(Scene), 대사, 내레이션(독백 및 해설), 장면 전환이 들어가야 합니다.

캐릭터(등장인물), 씬(Scene), 대사, 내레이션(독백 및 해설), 장면 전환의 내용을 넣어서 시나리오를 작성해줘

씬 1: 로봇 연구실
레이첼과 조니가 로봇 AI-01을 개발 중
내레이션
지구는 온난화로 인해 점점 심각한 위기에 처해 있다. 레이첼은 로봇 엔지니어로, 지구를 구하기 위해 로봇을 개발하기 시작한다.
대사
레이첼: "조니, AI-01의 학습 데이터를 더 많이 추가해야 해. 지금은 아직 부족해.
"조니: "알겠습니다, 레이첼! 최선을 다하겠습니다."

씬 2: 땅속 세계로의 여행
레이첼, 조니, AI-01이 땅속 세계로 이동
내레이션
레이첼과 조니는 AI-01을 환경 보호 및 에너지 절약을 위한 프로젝트에 도입하려 한다. 그들은 땅속 세계로 뛰어든다.

대사
레이첼: "이곳에서 우리가 찾아야 할 것은 환경을 보호하고 에너지를 절약하는 방법이야."조니: "그럼 우리는 어디부터 시작해야 할까요?"AI-01: "저의 데이터베이스에 따르면, 땅속 세계의 생태계는 매우 민감하니 조심스럽게 탐험해야 합니다."씬 3: 땅속 세계의 위기 발견
레이첼, 조니, AI-01이 인간들로 인한 환경 위기를 발견
내레이션: 그들은 땅속 세계에서 인간들로 인해 생긴 환경 위기에 직면하게 된다.

(중략)

위와 같은 방식으로 씬, 내레이션, 대사가 구분되어 시나리오가 작성됩니다. 처음에는 흐름을 잡을 수 있게 간단한 구성으로 나오게 됩니다. ChatGPT는 한 번에 처리할 수 있는 글자 수에 제한이 있기 때문에 단락별로 세분화 하여 작성하는 것이 좋습니다.

> ❝ ChatGPT에서 글을 읽고 대답할 때 한 번에 처리할 수 있는 문장의 길이를 측정하는 단위를 '토큰'이라고 합니다. 토큰은 단어나 문자보다 더 작은 단위로, 문장을 구성하는 요소입니다. 예를 들어, "안녕하세요"라는 문장은 5개의 글자와 다양한 수의 토큰으로 이루어져 있습니다.
>
> 모델의 버전과 설정에 따라 다를 수 있지만 현재 ChatGPT는 한 번에 최대 4096개의 토큰까지 처리할 수 있는데, 이는 대략 한글 2000자 정도의 글과 비슷합니다. 즉, ChatGPT는 한 번에 약 2000자 정도의 글을 읽고 이해하고, 적절한 대답을 생성할 수 있습니다. 이 제한을 넘어가면, 글이 잘릴 수 있고 결과적으로 의미가 없거나 이상한 대답이 나올 수 있습니다.

씬 1: 로봇 연구실 부분부터 구체적으로 작성하기 위해 단락별로 스토리를 추가해 봅니다. 예를 들어 조니가 AI-01에게 추가하고 있는 학습데이터가 어떤 것인지 추가적인 내용을 요청하면서 좀 더 상세하게 이야기를 만들어 봅니다.

씬 1: 로봇 연구실에서 조니가 AI-01에게 추가중인 학습 데이터가 어떤것인지 상세한 묘사와 대사 추가해줘

씬 1: 로봇 연구실
레이첼과 조니가 로봇 AI-01을 개발 중

내레이션
지구는 온난화로 인해 점점 심각한 위기에 처해 있다. 레이첼은 로봇 엔지니어로, 지구를 구하기 위해 로봇을 개발하기 시작한다.

대사
레이첼: "조니, AI-01의 학습 데이터를 더 많이 추가해야 해. 지금은 아직 부족해."
조니: "알겠습니다, 레이첼! 최선을 다하겠습니다."

내레이션조니가 AI-01에게 환경 보호와 에너지 절약 관련 데이터를 추가하고 있다.

조니: "AI-01, 이 데이터들은 다양한 에너지 절약 기술과 지속 가능한 자원 관리 방법을 가르쳐줄 거야. 이걸로 환경 친화적인 솔루션을 찾는 데 도움이 될거야.
"AI-01: "감사합니다, 조니. 제가 이 데이터들을 빠르게 학습하겠습니다."

내레이션레이첼이 AI-01에게 환경 변화에 적응하는 방법에 대한 학습 데이터를 추가하고 있다

레이첼: "AI-01, 이 데이터는 기후 변화에 따른 환경 적응 전략을 다루고 있어. 땅속 세계의 다양한 조건에 대비할 수 있도록 이것도 학습해봐.

"AI-01: "알겠습니다, 레이첼. 저는 최선을 다해 빠르게 학습하겠습니다."

레이첼: "자, 다들 준비가 됐으면 땅속 세계로 떠나볼까요?"조니: "네, 레이첼! 모험을 기대하고 있습니다."(중략)

ChatGPT는 기존 내용을 바탕으로 보완한 결과물을 다시 제공해주기 때문에 보조 작가의 역할을 해줄 수 있습니다. 자신의 아이디어나 생각을 원하는 부분에 추가해가며 작업을 진행해 봅시다. ChatGPT는 대체적으로 무작위로 생성된 결과물을 제공하기 때문에 작업하는 중간중간 반드시 흐름에 맞는 검수와 수정이 필요합니다.

PART 08

미술 영상 분야

01 ChatGPT로 저작권이 자유로운 이미지 만들기

핵심 키워드 #ChatGPT #Playgroundai #image

레벨 ★★☆☆☆

실습 목표
- 인공지능 언어 모델인 ChatGPT에서 이미지를 생성할 주요 키워드를 생성할 수 있다.
- 이미지를 만드는데 필요한 키워드 및 프롬프트 요소를 정의하고 Playground AI 활용하여 이미지를 만들 수 있다.
- AI가 생성하는 이미지에 대한 원본 이미지의 출처를 확인하고, 저작권 문제를 고려하여 이미지를 생성할 수 있다.

시작하며

이미지는 광고/뉴스/웹사이트/교육/예술 등 다양한 분야에서 활용됩니다. 시각적으로 매력적이며, 효과적인 방법으로 메시지를 전달할 수 있기 때문입니다. 디지털 기술의 발전으로 인해 이미지의 복제 및 배포가 쉬워졌습니다. 그래서 저작권의 문제도 간과할 수 없습니다. 이미지를 생성하는 AI 모델은 원본 이미지를 기반으로 만들어진 경우도 있습니다. AI가 만들어주는 이미지를 사용할 때에는 저작권 문제를 고려해야 하며, 출처를 반드시 확인하는 것이 중요합니다.

생각정리하기

❶ 목적 정의	이미지를 생성하기 위한 목적을 명확히 정의하고, 이미지의 특성에 대해 결정합니다. 예를 들어 어떤 종류의 이미지를 생성할 것인지, 이미지에 어떤 속성이 필요한지 등을 고려합니다.
❷ 이미지의 소재	이미지의 소재는 다양한 것들이 있습니다. 예를 들어, 자연경관, 도시경관, 인물, 동물, 추상적인 모양 등이 있습니다.
❸ 소재 선택	작품의 목적과 표현하고자 하는 감정, 그리고 이미지로 삼을 대상의 특성을 고려합니다.
❹ 키워드 잡기	자연경관을 그리고 싶다면 "산", "강", "바다", "하늘", "나무"와 같은 키워드를 잡을 수 있습니다.
❺ 이미지 생성	오픈 소스 라이브러리를 이용하여 이미지를 생성합니다.
❻ 메시지/주제	작품에서 전달하고자 하는 메시지나 주제를 명시합니다. 이는 작품의 핵심적인 내용을 간략하게 설명해주는 역할을 합니다.

ChatGPT는 대화형 인공지능 언어 모델로, 이미지를 만들기보다는 텍스트를 생성하는 데 사용됩니다. 예를 들어, "저는 봄날의 꽃을 그리고 싶은데, 어떤 소재를 선택해야 할까요?"와 같은 질문을 ChatGPT

에게 던지면, ChatGPT는 봄과 꽃에 관련된 키워드를 추천해줄 수 있습니다. Playgroundai는 사용자가 직접 모델에 입력 데이터를 제공하고, 모델이 생성한 출력 결과를 확인할 수 있습니다.

실습해보기 _ 예제 1

ChatGPT에서 이미지의 소재를 잡고 키워드 생성을 합니다.

 "저는 봄날의 꽃을 그리고 싶은데, 어떤 소재를 선택해야 할까요?"
위의 소재로 키워드를 만들어줘.

 키워드: 봄, 꽃, 꽃 그림, 꽃 그리기, 그림 그리는 소재, 아크릴 그림, 수채화, 캔버스, 종이

ChatGPT가 만들어준 내용을 확인해 보고 필요한 내용으로 수정하여 키워드로 사용하도록 합니다. 이것을 프롬프트(Prompt)라고 합니다. 원하지 않는 키워드를 다시 ChatGPT에 넣어 원하는 키워드를 재요청하거나, 활용 가능한 키워드를 가지고 작업을 시작합니다.

 봄, 꽃, 꽃 그리기 아크릴 그림, 수채화, 캔버스, 종이
위의 내용을 영어로 번역해줘

 Spring, flowers, painting flowers, acrylic painting, watercolor, canvas, paper.

이미지 생성에 필요한 키워드를 ChatGPT에서 영어로 번역합니다. Playgroundai는 영어로 된 키워드를 넣어주어야 이미지 생성이 용이합니다.

실습해보기 _ 예제 2

Playgroundai는 하루 1,000장의 이미지가 무료이고, 50장의 고화질 이미지를 생성할 수 있습니다. 만든 이미지는 원본사진의 저작권에 따라 상업적 이용이 가능하기도 합니다.

따라하기

| 1 https://playgroundai.com/
Playgroundai의 사이트에 접속합니다. 회원가입이 필요하며 구글 계정으로 간단하게 가입할 수 있습니다. |  |

2 Playgroundai에 로그인을 하면 나오는 화면입니다. 최근 인기 있는 작품부터 카테고리별로 다양한 작품들이 전시되어 있습니다. 우측 상단에서 [Create] 버튼을 누르면 이미지를 만들 수 있습니다.

> 66 전시된 작품에 마우스를 올려놓으면 이미지를 생성할 때 사용했던 prompt를 볼 수 있고, 복사하거나 리믹스 할 수 있습니다.

3 주요 화면 구성입니다.

- **Filter** : 이미지의 선명도, 색감, 패턴, 잡신호 제거 등 다양한 효과를 줄 수 있습니다.
- **Prompt** : 사용자가 만들고자 하는 이미지에 관한 내용을 적어주는 곳입니다. AI가 이해할 수 있도록 단순하고 정확하게 적어주는 것이 좋습니다.
- **Remove From Image** : 이미지 생성 시 사용자가 제외하고 싶은 것을 적을 수 있습니다.
- **Image to Image** : 가지고 있는 이미지, 직접 그린 그림으로 넣어 활용할 수 있습니다.
- **Generate** : 이미지 생성을 요청합니다.
- **Model** : 베이스가 되는 모델을 선택합니다.
- **Image Dimensions** : 이미지의 크기를 정하는 곳입니다.
- **Prompt Guidance** : 프롬프트에 작성한 문구를 AI에 의존하는 정도입니다. 수치가 낮으면 AI 자율도가 높아집니다. 7~10 정도를 추천합니다.
- **Seed** : 마음에 드는 이미지를 수정하고 싶을 때 원본 이미지의 Seed 번호를 확인할 수 있고, 추가적인 작업을 진행할 수 있습니다.
- **Number of Image** : 생성할 이미지의 개수입니다.

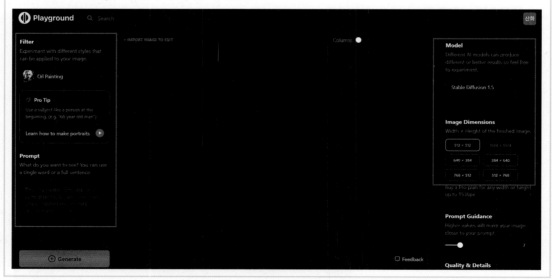

4 [Prompt]메뉴에 ChatGPT에서 생성한 프롬프트를 넣고, [Remove From Image]에 제외하고 싶은 키워드를 넣고 [Generate]를 눌러 이미지를 생성합니다.

" 코드에 오류가 있다면 에러메시지가 확인됩니다.

확장하기

가지고 있는 이미지를 기반으로 ChatGPT를 활용하여 프롬프트를 만들고 이미지를 생성해봅시다. 이를 통해 이미지에 담긴 의미와 감성을 더욱 재미있고 풍부하게 표현할 수 있습니다. 이제 당신의 상상력과 ChatGPT의 능력을 결합하여, 저작권이 자유로운 이미지를 만들어봅시다.

> **❝** 저작권이란 창작물을 만든 사람, 즉 저작자가 갖는 권리를 의미하는데, 생성형 AI로 만든 이미지는 '사람'이 만든 작품이 아니므로 기본적으로 저작권을 인정하지 않는다는 논리가 있습니다. 이미지를 새롭게 생성하여 창작한 작품들에 대한 인간의 개별적인 사용은 허용되지만 그 저작권은 이미지를 만든 '인공지능'이 갖는지, 인공지능을 제어하여 만든 주체인 '사람'이 될 것인지에 대한 논의도 여전합니다. 즉, 저작권이 자유롭다는 의미는 그동안 저작권이 있는 이미지를 사용하는 것에 제한이 많았던 이전과 대비해 자유롭게 이미지를 창작, 생성할 수 있고 사용할 수 있다는 의미를 갖습니다.

 가족 여행을 가서 찍은 사진인데, 거실에 걸고 싶은 그림으로 만들고 싶어. 키워드 좀 만들어줄래?

 당신의 가족 여행을 찍은 사진을 기반으로, 아름다운 거실용 그림으로 만들어보세요. 이를 위해, 다음과 같은 키워드를 활용해볼 수 있습니다.
가족: 당신의 가족들이 함께한 소중한 순간을 그림으로 표현해보세요.
여행: 여행의 자유로움과 즐거움을 그림으로 담아보세요.
자연: 여행 중 당신이 경험한 아름다운 자연 풍경을 그림으로 표현해보세요.
추억: 가족과 함께한 추억을 그림으로 간직해보세요.
행복: 가족 여행 중 느꼈던 행복감과 따스한 느낌을 그림으로 담아보세요.

 가족들이 함께한 소중한 순간, 아름다운 자연 풍경, 여행의 자유로움, 함께한 추억을 그림으로, 행복감, 따스한 느낌의 키워드를 간단하게 영어로 번역해줘

 Beautiful nature
Freedom of travel
Shared memories
Happiness and warmth.

1 ChatGPT에서 만든 키워드를 Playgroundai 이미지 생성 프롬프트 창에 넣고, [Image to Image]에 가지고 있는 이미지를 넣어 이미지를 생성합니다..

이밖에도 소개된 메뉴를 써보며 다양한 이미지를 만들어봅시다.

▲ Playgroundai로 만든 완성 이미지

02 ChatGPT로 웹툰 만들기

핵심 키워드	#ChatGPT #웹툰 #투닝 #스토리 #캐릭터	레벨 ★★☆☆☆

| 실습 목표 | • 웹툰 시장의 성장과 제작시 중요한 요소에 대해 알아본다.
• ChatGPT를 활용하여 웹툰 캐릭터를 설정하고, 스토리를 만들 수 있다.
• 스토리에 맞추어 투닝(tooning)를 활용하여 웹툰을 제작할 수 있다. | 완성 프로그램 QR코드
https://url.kr/pn63r8 |

시작하며

2000년대 초반부터 인터넷과 모바일 기술의 발전으로 디지털 환경에서 손쉽게 접할 수 있는 웹툰 시장은 꾸준히 성장하고 있고, 경제 규모도 대폭 확대되었습니다.

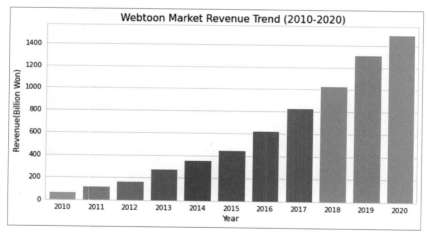

웹툰 시장의 매출액 상승 추이(2010–2020) _ 출처 : 2020 콘텐츠 산업백서

위 표에서 알 수 있듯이, 2010년 대비 2020년에는 웹툰 시장 매출액이 약 21배 이상 증가했고, 특히 2016년부터는 지속적인 큰 폭의 성장이 이어졌습니다. 웹툰은 단순히 자체적으로만 소비되는 콘텐츠가 아니라, 출판, 캐릭터 상품화, 각색을 통한 드라마나 영화 제작 등 다양한 분야로 파생되는 콘텐츠 생태계를 형성하고 있습니다. 이러한 웹툰 콘텐츠의 제작 과정을 ChatGPT와 함께 알아보도록 하겠습니다.

생각정리하기

웹툰 제작 과정은 웹툰 제작회사를 선정하는 단계부터도 접근할 수 있지만, 제외하고 웹툰 자체를 만들어가는 과정에 대해 6단계로 나누어 알아보겠습니다.

❶ 시놉시스	작품의 전체적인 계획을 간략하게 작성하는 것으로 기획과 주제, 장르, 진행방향, 줄거리 등의 세부사항을 글로 정리하여 작성합니다.
❷ 콘티	정확한 명칭은 스토리보드이고, 화면에 보이게 되는 인물의 모습을 컷별로 단순하게 그린 밑그림을 뜻합니다. 작업에 참여한 작업자들이 의도를 빠르게 이해할 수 있도록 도와주며, 전체 페이지의 연출 구상과 말풍선 배치, 효과음 위치, 앵글 설정 등을 표현합니다.
❸ 스케치	콘티를 바탕으로 구체적인 그림을 그리는 작업으로 스케치가 자세할수록 다음 단계인 선화 작업의 효율성이 높아집니다.
❹ 선화 작업	선을 그리는 작업, 깔끔하게 정리된 선으로 스케치를 구체화하는 작업입니다.
❺ 채색	채색 작업을 밑그림에 풍부한 색감과 명함을 주어 입체적인 그림으로 완성합니다. 빛과 그림자, 각도의 다양성에 대한 이해도가 중요합니다.
❻ 식자 보정	마지막으로 이 단계에서 효과음, 대사, 말풍선, 움직임 선 등을 배치하고, 문법을 교정함으로써 웹툰이 완성됩니다.

실습해보기 _ 예제 1

내가 그려보고 싶은 웹툰 내용을 ChatGPT에 입력하여 4컷 웹툰의 콘티를 만들어 봅시다.

주인공 : 김치 알러지가 있는 국가대표 태권소녀
한국에 대한 애국심과 자부심이 크고, 촉망받는 나라를 대표하는 선수
김치 앞에서는 한없이 작아지고, 자신감이 없어지는 초라한 어린아이가 됨

시점 : 1군 국가대표 발탁,
장소 : 올림픽 출전하여 세계선수들이 모인 선수촌 숙소의 식당
상황 : 한국의 높아진 위상에 따른 김치의 폭발적인기
대한민국 대표 팀의 식사를 담당한 한국 전담팀은 모든 메뉴에 김치를 주재료로 특별 상차림을 준비해둠
상차림 앞에 도착한 태권소녀는 얼음장처럼 얼어붙고 마는데..

진행방향 : 이 태권소녀의 대결상대는 상대편 국가대표가 아닌 바로 김치.
김치 알레르기를 극복해나가는 눈물겨운 사투에 대한 스토리

위 상황을 웹툰 4컷 콘티로 표현해주세요.

태권소녀의 발탁
컷1: 태권소녀가 전화를 받고, "국가대표 선발됐다!" 라고 기뻐하며 뛰어올라서는 모습을 보여준다.

올림픽 선수촌 숙소 도착
컷1: 태권소녀가 캐리어를 끌고 올림픽 선수촌 숙소로 입장한다.
컷2: 숙소 안뜰에서 선수들과 인사를 나누며 다정한 분위기가 연출된다.

김치쟁탈전 발생
컷1: 선수들이 모여 있는 식당에서 각국의 선수들이 김치를 쟁탈하기 위해 서로 다투는 모습이 그려진다.
컷2: 태권소녀는 김치를 보며 불안해하는 모습을 보여준다.

ChatGPT가 정리해 준 콘티를 토대로 웹툰 장면을 4개로 정리해 보았습니다.

장면1 : 국가대표 발탁내용을 전화로 전해 듣고, 기뻐하는 주인공.

장면2 : 여행용 가방을 끌고 선수촌 숙소를 향해 걸어가는 주인공.

장면3 : 저녁식사 시간, 배식대의 김치를 향해 모여드는 외국인 선수들

장면4 : 한국 팀을 위한 특별 김치 한상차림을 보고 식은 땀을 흘리는 주인공.

실습해보기 _ 예제 2

이제 정리된 내용들을 웹툰으로 표현해 볼 차례입니다. 웹툰을 간편하게 제작할 수 사이트 '투닝(tooning)'을 활용해 보겠습니다. '투닝(tooning)'은 개인이 손쉽게 자신만의 웹툰을 제작하고 공유할 수 있는 사이트입니다. 웹툰 제작 도구를 통해 캐릭터, 배경, 말풍선, 이펙트 등을 선택하고 배치하여 원하는 웹툰을 만들 수 있습니다. '투닝(tooning)' 사이트의 특징은 인공지능 기술을 접목하여 캐릭터와 배경을 그리는 데 필요한 작업을 자동화하여 사용자가 빠르게 웹툰을 제작할 수 있도록 지원합니다.

따라하기
1 https://tooning.io/ 사이트에 접속합니다. 
2 우측 상단의 [로그인/가입] 버튼을 클릭한 후 팝업창 중간에 [회원가입]을 클릭하여 가입한 후 로그인해주세요. SNS 로그인 기능을 이용하면 별도의 절차 없이 로그인과 회원 가입을 동시에 진행할 수 있습니다.   " 계성 생성시 이메일인증이 필요합니다. 

3 기본 편집툴 화면을 살펴보겠습니다.

로그인을 마치면 우측 상단의 [투닝 제작하기] 버튼을 눌러 편집툴 화면을 열 수 있습니다.

❶ 템플릿과 캐릭터, 배경 등의 요소를 확인할 수 있는 콘텐츠 메뉴 탭이 있습니다.

❷ 현재 작업 중인 아트 보드로 옵션 바의 확대, 축소 버튼을 클릭해 화면을 크게 보거나 작게 볼 수 있으며, 손바닥 아이콘을 클릭하고 마우스를 클릭한 채로 움직여 이동이 가능합니다.

❸ 페이지 관리 및 미리보기 창이고, 하단의 [페이지 추가] 버튼을 통해 새로운 화면을 추가할 수 있습니다.

❹ 중앙의 [화살표 아이콘]을 클릭하면 작업 내역을 실행 취소 또는 재실행 할 수 있습니다.

4 화면 좌측 하단에 [AI] 버튼을 누르면 '투닝'에서 지원하는 인공지능 기술을 확인할 수 있습니다. 문장으로 툰생성, 그림으로 요소 검색, 사진으로 캐릭터 생성, 글로 캐릭터 연출, 그리고 최근에는 글로 이미지를 생성, AI재학습 하는 기능도 추가되었습니다.	
5 [문장으로 툰 생성]을 클릭하고, 컷1번 장면에 대한 내용을 화면의 예시에 맞추어 간략하게 입력하고 적용을 클릭해봅니다.	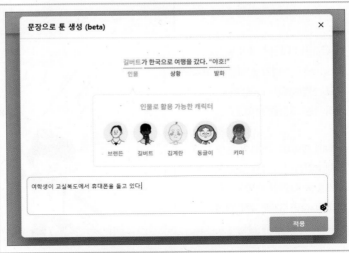

6 AI기능이 내용에 어울리는 웹툰 요소들을 불러오는 것을 확인할 수 있습니다. 입력한 내용에 따라 정확도가 달라지고, 같은 내용이더라도 적용을 클릭할 때마다 새로운 요소로 바꾸어 불러옵니다. 정확한 장면을 글로 구성하는 용도보다는 생각지 못했던 웹툰요소, 장면에 대한 아이디어 발상 용도로 사용하는 것을 추천합니다.

내가 원하는 적절한 장면이 나오면 불필요한 요소를 지우고, 필요한 요소들을 추가하여 웹툰 장면을 구성해봅니다.

여학생이 교실에서 휴대폰을 들고 있다.

---

7 화면 우측 상단에 [레이어]를 누르면 화면을 구성하고 있는 각 요소들의 명칭과 순서가 보입니다. 맨 아래부터 레이어들이 차곡차곡 쌓여서 장면을 구성하고 있고, 레이어를 위아래로 움직여서 순서를 변경할 수 있습니다. 자물쇠 모양을 클릭해서 레이어가 움직이거나 편집되지 않도록 만들면 레이어가 많을 때 작업이 수월해집니다.

여학생이 교실에서 휴대폰을 들고 있다.

---

8 작업공간의 캐릭터를 클릭하면 왼쪽에 캐릭터를 편집하는 메뉴가 활성화됩니다.

❶ 표정 선택

❷ 동작 선택 및 편집 – 팔, 다리 부분 편집으로 동작 조합이 가능.

❸ 얼굴 편집 – 머리스타일, 얼굴악세사리 등으로 개성 있는 얼굴 표현 가능.

❹ 색상 편집 – 피부, 헤어, 의상 등의 색상을 편집

❺ 이미지 변환 – 필터나 색상값 세부조절이 가능.

---

8 〈장면1 : 태권소녀의 발탁〉

컷1 : 태권소녀가 전화를 받고, "국가대표 선발됐다!" 라고 기뻐하며 뛰어올라서는 모습을 보여준다.

내용에 맞추어 장면1의 웹툰 1컷을 제작해보았습니다. 레이어에서 각 구성요소들을 확인할 수 있습니다.

나머지 장면 3개도 콘티에 맞게 제작합니다.

참고: 완성 작품

〈장면1 : 태권소녀의 발탁〉

〈장면2 : 올림픽 선수촌 숙소 도착〉

〈장면3 : 김치쟁탈전 발생〉

〈장면4 : 한국 대표 팀의 메뉴준비〉

완성된 콘텐츠는 사이트 내 헬프센터의 저작권 관련 안내사항을 확인한 후 활용하는 것이 좋습니다. 무료 사용자는 비영리적인 용도로 블로그 게시 등이 가능하며, 상업적인 용도로 활용하려면 유료계정을 등록해야 합니다.

ChatGPT를 이용하여 내가 생각하는 이야기를 웹툰 콘티로 작성하고, '투닝' 사이트를 이용하여 손쉽게 웹툰으로 제작할 수 있었습니다. ChatGPT는 작은 아이디어도 풍부하게 만들어주며, 다른 프로그램과 함께 큰 시너지를 만들어 낼 수 있습니다.

03 ChatGPT로 말하는 아바타 만들기

핵심 키워드	#ChatGPT #아바타 #부캐 #studioDID #디지털휴먼	레벨 ★☆☆☆☆

실습 목표	• ChatGPT를 이용하여 아바타의 특성에 맞는 대화 스크립트를 작성할 수 있다. • studioDID 사이트로 인간과 유사한 디지털 휴먼 아바타를 만들 수 있다. • 디지털 휴먼 아바타 기술의 발전 가능성과 활용 방안을 탐구하며, 다양한 분야에 적용할 수 있는 아이디어를 발굴해본다.

완성 프로그램 QR코드
https://url.kr/34yhjf

시작하며

디지털 휴먼 아바타는 인간의 외모와 특징을 디지털 형태로 만든 가상 캐릭터입니다.
사람의 움직임, 표정, 목소리 등을 디지털 형태로 표현할 수 있습니다. 디지털 휴먼 아바타가 활용되는 분야는 다음과 같습니다. 소셜 미디어용 가상 인플루언서, 짧은 형식의 바이럴 동영상, 동영상 프로필, 게임용 캐릭터, 단편 영화, 뮤직 비디오, 뉴스 리포트 등 다양한 미디어 콘텐츠를 제작할 수 있습니다. 아바타를 이용하면 또 다른 나를 표현할 수 있는 나만의 부캐(부 캐릭터) 만들기가 가능합니다.

생각정리하기

❶ 캐릭터 이름 짓기	캐릭터의 이름을 정합니다. 캐릭터를 표현하는 가장 기본적인 구성요소입니다.
❷ 얼굴스타일	캐릭터의 얼굴형을 정합니다. 윤곽, 눈, 코, 입 등을 포함합니다.
❸ 헤어스타일	캐릭터의 헤어스타일을 정합니다. 길이, 색상, 머리 모양 등을 포함합니다.
❹ 성격	캐릭터의 성격을 정합니다. 캐릭터의 행동 패턴, 성향, 성격 등을 나타냅니다.
❺ 스토리	캐릭터의 스토리를 정합니다.

실습해보기

만들고자 하는 캐릭터의 스타일이 정해졌다면 ChatGPT에서 자기 소개글을 작성해 봅시다.

 라일리외모: 둥근얼굴, 갈색머리성격 : 밝고 긍정적이며 진취적인성격아바타의 자기소개 글을 만들어줘

 안녕하세요, 저는 라일리입니다. 둥근 얼굴형과 밝은 미소가 인상적인 캐릭터이며, 중간 길이의 웨이브 헤어로 자유로운 분위기를 만들어냅니다. 긍정적이고 열정적인 성격으로 새로운 경험과 자유로운 표현을 추구하며, 독립적이고 직관적인 판단을 선호합니다. 예술과 자연을 사랑하는 작은 도시에서 자랐기 때문에, 자연과 예술에 대한 애정이 깊습니다.

캐릭터의 자기소개 문구가 완성되었다면, studioDID 사이트에서 아바타를 생성해 볼 수 있습니다. studioDID는 인공지능(AI)을 활용한 이미지 및 동영상 편집 서비스를 제공하는 온라인 플랫폼입니다.

따라하기
1 https://studio.d-id.com/ 사이트에 접속합니다.
2 [Guest] 버튼을 누르면 [Login/Signup]이 보입니다.
3 회원가입(SIGN UP)을 진행합니다. 구글 계정으로도 가입이 가능합니다. 회원가입을 진행 후 로그인 해주세요.
4 [+Create Video] 버튼을 누르면 다양한 캐릭터들이 있는 화면이 보입니다.

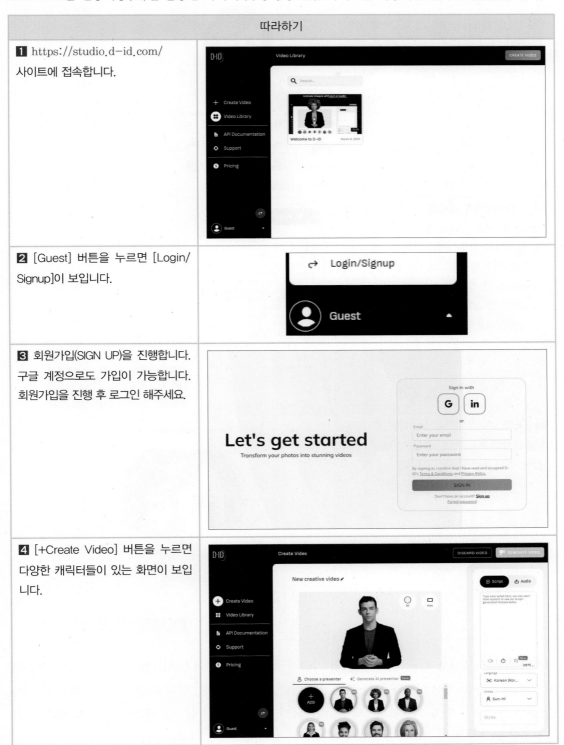

5 제공된 캐릭터 중 원하는 캐릭터를 선택합니다. ❝ 직접 캐릭터를 만들고 싶다면 Generate AI presenter 메뉴에서 자신의 사진을 올려서 만들수도 있습니다.	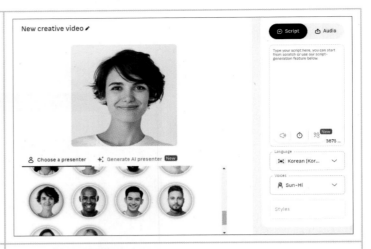
6 Script영역에 내용을 작성한 후 Language와 Voices를 선택합니다. 한국어의 경우 남성, 여성 두 가지 목소리만 제공됩니다. 선택이 모두 완료되면 오른쪽 상단에 있는 [GENERATE VIDEO]를 클릭하여 다음 단계로 이동합니다.	
7 [GENERATE] 버튼을 클릭하여 영상을 생성합니다. 완성된 영상은 Video Library에서 확인할 수 있습니다.	

디지털 휴먼 아바타는 인공지능과 디자인 기술의 융합으로 만들어진 디지털 캐릭터로, 인간과 유사한 외모와 특성을 가진 아바타를 만들 수 있습니다. 광고, 마케팅, 영상 콘텐츠, 교육, 의료 등 다양한 산업 분야에서 활용 가능하며, 시장성이 높아지고 있습니다. 앞으로 발전될 기술과 아이디어가 결합하면 디지털 휴먼 아바타의 활용 영역은 더욱 확대될 것으로 예상됩니다.

04 ChatGPT로 티저 영상 만들기

핵심 키워드 #ChatGPT #티저(Teaser) #TTS #클로바더빙   레벨 ★☆☆☆☆

실습 목표
- ChatGPT를 활용하여 자신의 생각과 이미지가 포함된 스토리보드를 만들 수 있다.
- 클로바더빙을 통해 전달하고 싶은 메시지를 영상으로 저장할 수 있다.
- 텍스트를 음성으로 변환하는 음성합성 기술을 체험하며 TTS(Text-to-Speech) 기술을 이해할 수 있다.

시작하며

티저(Teaser)란 본래 '짓궂게 괴롭히는 사람', '애타게 하는 사람'이라는 의미를 가지고 있습니다. 나중에 사람들이 관심을 가지게 하려고 주제에 대한 조금의 정보만을 주는 기사, 광고, 짧은 영상' 이라는 뜻을 가지고 있습니다. 주로, 가수들의 뮤직비디오나 영화, 드라마 등에서 시청자들의 관심을 끌기위한 전략으로 사용되는 방법입니다.

생각정리하기

❶ 주제 정하기	영상에서 어떤 메시지를 전달할지 정해야 합니다.
❷ 목표 대상층 정하기	목표 대상층의 취향과 관심사를 고려하여 제작해야 합니다. 이를 통해, 대상층에게 효과적인 메시지를 전달하고 반응을 유도할 수 있습니다.
❸ 아이디어도출	주제의 핵심적인 내용과 스토리 속에서 목표 대상층의 이목을 끌 수 있는 아이디어를 찾아냅니다.
❹ 스토리보드 만들기	제작할 작품의 전체적인 내용과 각 장면들의 연결 방법, 대사 등을 작성합니다.
❺ 영상제작 및 효과 추가	티저영상은 보통 30초 이내의 짧은 시간 내에 메시지를 전달해야 하므로, 영상의 길이와 리듬을 고려하며 메시지 전달에 효과적인 영상을 완성합니다.

실습해보기 _ 스텝 1

주제와 대상을 정하고, 아이디어를 찾아내는 부분을 스스로 진행해 봅니다. 예를 들어 환경을 주제로 6월 5일은 환경의 날이라는 것을 20~30대의 청년층에게 홍보하는 영상을 만든다고 가정해 봅니다. 이목을 끌 수 있는 아이디어로 재난 영상을 연속으로 보여주며 경각심을 느끼게 하다가 환경보호의 중요성을 강조하며 아름다운 지구를 보여주는 방식으로 전개하는 방향으로 생각했다면 ChatGPT와 협업하여 구체적인 스토리보드를 만들어 봅시다.

주제: 환경의 날 (6월5일)을 알리는 것
대상: 20~30대의 청년층
아이디어: 재난 영상을 연속으로 보여주며 경각심을 느끼게 하다가 환경보호의 중요성을 강조함
장면 : 쓰레기산, 기후변화, 환경오염, 아름다운지구

❶ 장면,설명,나래이션,분위기,효과음,그림이 들어간 표 형식으로 정리
❷ 그림 행은 이미지로 채우고, 이미지는 〈https://source.unsplash.com/500x300/?〉PUT 〉〉Your Query Here 〉장면으로 쿼리를 변경하여 작성

원하는 주제와 문서 형태를 구체적으로 요청할수록 ChatGPT는 명확한 정보를 제공해줄 수 있습니다. 표 형식과 그 안에 들어갈 구분항목을 알려주고, 이미지를 넣고 싶다면 이미지API를 사용하여 칸 안에 삽입할 수 있습니다. 원하는 항목으로 다양하게 구성해 봅니다.

> **" API란?**
>
> API는 Application Programming Interface(애플리케이션 프로그램 인터페이스)의 약어로, API는 애플리케이션 간 상호 작용과 데이터 공유를 가능케 하는 인터페이스입니다.

장면	설명	나래이션	분위기	효과음	그림
쓰레기산	인간의 영양진창한 쓰레기 처리로 인해 생긴 쓰레기 산	"인간은 지구에 무얼 하고 있는 걸까요?"	암울하고 불안한	쓰레기 쌓이는 소리, 바람소리	
기후변화	지구 온난화로 인한 지구상의 기후 변화	"우리는 이제 지구 온난화로 인해 어떤 결과를 맞이하고 있는 걸까요?"	위협적이고 불안한	바람소리, 번개소리, 비소리	
환경오염	산업과 생활에 따른 대기, 물, 토양 오염으로 인한 환경 파괴	"지구는 무수한 화학물질로 오염되어 가고 있습니다."	불쾌하고 무거운	차량소리, 산업 소음, 오염된 물소리	
아름다운지구	우리가 지켜나가야 할 아름다운 자연의 경치와 동물들	"우리가 지켜나가야 할 것은 바로 이 아름다운 지구입니다."	안심하고 희망적인	새 지저귐, 바람소리, 하늘색, 푸른 자연 풍경, 깨끗한 물소리	

결과화면에서 바꾸고 싶은 부분을 ChatGPT에게 요청하면 부분 변경도 가능합니다. 스토리보드 작성 시에 ChatGPT를 참고하는 것도 좋지만, 작가 본인의 아이디어와 개성을 적극적으로 반영하여 작품의 퀄리티를 높이는 것이 필요합니다. 원하는 내용으로 정리되었다면 스토리보드의 내용을 참조하고, 마우스 우클릭을 이용하여 이미지를 저장해둡니다.

실습해보기_ 예제 2

다음 단계로 클로바더빙에 접속하여 영상을 만들어 봅시다. 클로바더빙은 텍스트 입력만으로 동영상 콘텐츠에 원하는 AI 보이스를 입힐 수 있는 네이버의 TTS(Text-to-Speech) 서비스로 음성합성 기술을 기반으로 다양한 AI 보이스를 제공하고 있습니다.

> **❝ TTS(Text-to-Speech)란?**
>
> TTS란 Text-to-Speech의 약어로, 텍스트를 음성으로 변환해주는 기술이나 서비스를 말합니다. 일반적으로는 컴퓨터나 모바일 기기에서 글을 읽어주는 보조 기능으로 제공되며, 최근에는 AI 기술이 발전하면서 자연스러운 음성합성 기술이 개발되었습니다. 이를 통해 기계가 사람처럼 자연스럽게 말하며, 긴 글이나 전문 용어, 다양한 언어를 자유롭게 읽어줄 수 있게 되었습니다.

따라하기

1 https://clovadubbing.naver.com/ 사이트에 접속합니다.

2 [무료로 시작하기] 버튼을 누르면 내 프로젝트 페이지가 보입니다.
[+] 버튼을 눌러 새 프로젝트를 생성합니다.

3 프로젝트 명을 입력하고, 동영상이나 이미지를 추가합니다. 우측상단에는 더빙을 추가할 수 있는 화면이 있습니다.

4 ChatGPT에서 찾아준 이미지와 내레이션을 입력하고 저장합니다. 추가적인 이미지를 찾아 넣어가며 영상을 완성합니다.

5 중간 중간 효과음을 넣을 수 있으며, 완성이 되면, [프로젝트 저장] 버튼을 클릭하여 완료합니다.

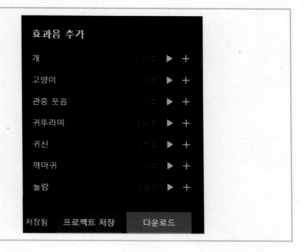

ChatGPT를 활용하여 티저 영상을 만드는 것은 많은 장점이 있지만, 생성된 콘텐츠의 정확성을 검토하고, 저작권 문제 및 기술적 한계를 고려해야 합니다. 또한 작가의 감성과 고객 요구를 반영하는 것도 중요합니다. 이러한 유의사항을 고려하여 콘텐츠를 제작해 봅시다.

PART 09

음악 분야

ChatGPT로 인공지능 노래 만들기
ChatGPT로 전시장에서 듣는 음악 만들기

01 ChatGPT로 인공지능 노래 만들기

핵심 키워드	#ChatGPT #작사 #Voicemod #TTS	레벨 ★★☆☆☆
실습 목표	• ChatGPT를 활용하여 자신의 감성과 생각을 가사로 표현할 수 있다. • Voicemod 사이트를 활용하여 Text to Song 기능으로 AI 노래를 만들 수 있다.	완성 프로그램 QR코드 https://url.kr/25q64d

시작하며

작사는 노래 가사를 쓰는 것을 말합니다. 가사는 노래의 가장 중요한 부분 중 하나로, 노래가 전달하고자 하는 메시지나 감정을 담고 있으며, 가수의 표현력과 함께 공연의 분위기와 관객의 감성을 크게 좌우합니다. 좋은 작사가는 이야기를 잘 풀어내고, 노래의 감정과 주제를 표현하기 위해 적절한 언어와 문법을 사용합니다. 자신이 표현하고 싶은 주제를 담아 ChatGPT와 협업하여 진행해 봅시다.

생각정리하기

좋은 작사를 하기 위해서는 창의적인 아이디어와 언어적인 감각이 필요합니다. ChatGPT를 사용하여 작사 프롬프트를 생성하려면 다음 단계를 따라 자신의 생각을 담아 작성하도록 합니다.

❶ 주제 선택	먼저 작사하고자 하는 주제를 선택해야 합니다. 이는 작사를 위한 출발점이 됩니다. 예를 들어, 사랑, 이별, 자유, 꿈, 인생 등 다양한 주제를 선택할 수 있습니다.
❷ 감정을 노트에 적어보기	주제를 정한 후에는 노트나 메모장에 감정을 먼저 적어봅니다. 이 감정들을 이용하여 가사를 작성할 수 있습니다.
❸ 가사를 작성하기	단어나 구절을 여러 개 떠올려보고, 그것들을 조합해보면서 작사해봅니다. 가사를 수정하는 작업을 진행합니다. 가사가 어색하거나 의미가 모호한 부분을 고치고, 노래의 전반적인 분위기를 상상하며 작성해 갑니다.

실습해보기 _ 예제 1

 주제 : 자신의 삶에서 찾은 작은 행복들에 대한 노래
감정 : 삶에서 찾은 행복, 긍정적인 마인드

"작은 것들에 행복을 찾아 나는 오늘도, 미소 짓고 살아가며 나를 기뻐하죠."위의 내용을 기반으로 가사를 작성해줘

 Verse 1:
작은 것들에 내 삶 속에서,
나는 행복을 찾고 있어요.
커피향기, 햇살, 그리고 사랑,
그리고 작은 선물, 모두 나를 웃게 해요.

Chorus:
작은 것들에 행복을 찾아 나는,
미소 짓고 살아가며 나를 기뻐해요.
인생 속에서 지켜줄 작은 행복,
나의 삶 속에서 함께할 작은 기쁨.

 영어로 번역해줘

 Verse 1:
In my life, I'm searching for happiness
In little things that come my way.
The scent of coffee, sunlight, and love,
And small gifts that brighten up my day.

Chorus:
Finding joy in little things,
I live my life with a smile.
Little happinesses that stay by my side,
Small pleasures that make life worthwhile.

실습해보기 _ 예제 2

ChatGPT와 함께 만든 가사를 활용하여 노래를 만들어 봅시다. Voicemod 의 Text to Song 서비스
는 브라우저 기반으로 모바일 또는 데스크톱 브라우저에서 사용할 수 있고, 선택한 음원에 AI가수가
입력한 가사를 멜로디에 맞추어 노래를 불러줍니다.

따라하기
1 www.voicemod.net/text-to-song/ 사이트에 접속합니다. [Generate Song FREE] 버튼을 클릭합니다. 
2 Step 1 노래 고르기 Step 2 가수 고르기 Step 3 가사 작성하기 Step 4 공유하기 순서로 진행합니다. Step1 : 원하는 멜로디를 선택합니다. 선택 후 [NEXT] 버튼을 눌러 이동합니다.
3 Step2 : 원하는 가수를 선택합니다. 선택 후 [NEXT] 버튼을 눌러 이동합니다. 

4 Step3 : 가사를 입력합니다. 입력 후 [Create song] 버튼을 클릭합니다. ❝ 한국어는 지원하지 않아서, 영어로 입력해야 합니다.	
5 완료되는데 일부 시간이 소요됩니다.	
6 완료 후 플레이 버튼을 눌러 Voice & Music 이나 Only Voice로 노래를 들을 수 있습니다. 파일은 무료로 다운로드가 가능합니다.	

Voicemod 의 Text to Song 서비스는 텍스트로 입력한 가사로 노래를 생성하는 기술입니다. 이 기술은 인공지능 기술인 딥러닝을 사용하여 작동하며, 입력된 텍스트의 의미와 감정을 이해하여 그에 맞는 멜로디, 리듬, 가사 등을 자동으로 생성합니다.

이러한 기술은 음악 작곡가나 작사가가 아닌 일반인들도 쉽게 음악을 만들 수 있도록 도와줍니다. 또한 음악을 만드는 과정에서 발생하는 시간과 노력을 크게 줄여주며, 자연어 처리 기술을 이용해 입력된 텍스트의 언어, 문체, 감정 등을 고려하여 음악을 생성하기 때문에 다양한 분야에서 사용될 수 있습니다.

하지만 이러한 기술은 아직 완벽하지 않으며, 생성된 음악이 미숙하거나 예측할 수 없는 결과를 가져올 수도 있습니다. 따라서 음악 작곡가들은 이러한 기술을 보조적으로 활용하면서도 자신의 감각과 기술을 결합하여 작업하는 것이 필요합니다.

02 ChatGPT로 전시장에서 듣는 음악 만들기

핵심 키워드 #ChatGPT #작곡 #riffusion

레벨 ★★☆☆☆

실습 목표
- ChatGPT를 활용하여 인공지능 기술과 문화 예술 작품을 융합하는 창의적 체험 활동을 할 수 있다.
- ChatGPT를 활용하여 명화 작품에 대한 정보를 얻고 작품에 대한 감상력을 시각과 청각을 통해 향상시킬 수 있다.
- 음악을 AI로 생성하는 과정을 통해 원하는 스타일의 음악을 창의적으로 작곡하는 방법을 익힐 수 있다.

완성 프로그램 QR코드
https://url.kr/rhq9e3

시작하며

이번에 활용할 AI 프로그램은 'Riffusion'입니다. Riffusion은 'Riff'와 'Diffusion'이라는 두 단어의 합성어입니다. 'Riff'는 곡에서 연주되는 소리나 멜로디 일부분을 뜻하며, 'Diffusion'은 확산이나 퍼지는 것을 의미하는 단어이자, AI 이미지 생성 사이트인 [Stable Diffusion]에서 'Diffusion'을 따온 말입니다. 즉, Riffusion 사이트에서는 창작자가 원하는 분위기와 장르, 스타일 등을 요청하면 새로운 소리와 멜로디로 융합, 연주해주는 AI 서비스를 제공합니다.

> Riffusion은 텍스트에서 이미지를 생성하는 오픈 소스 AI 모델인 Stable Diffusion 프로그램을 기반으로 만들어졌습니다. Stable Diffusion을 통해 스펙트로그램 이미지를 생성하도록 요청하고 이 스펙트로그램 이미지는 다시 오디오 클립(스펙트로그램)으로 변환되어 이미지에 기반한 AI 음악을 생성하는 원리입니다.

AI 프로그램으로 새로운 음악을 창작하기 위해서는 우선 작곡에 필요한 다양한 정보들의 이해가 필요합니다.

❶ **음악 장르** : 클래식(Classical), 팝(Pop), 락(Rock), 재즈(Jazz), R&B(Rhythm and Blues), 힙합(Hip-hop), 컨트리(Country), 뉴에이지(New Age), 월드뮤직(World Music), 일렉트로닉(Electronic)

❷ **악곡 구조** : 음악의 구조를 결정짓는 요소는 리듬과 멜로디, 하모니 등이 있습니다. 여러 요소를 조합하여 작곡하려는 곡이 어떠한 흐름으로 전개될지 정할 수 있습니다.

❸ **악기와 음향** : 작곡하려는 곡의 메인이 되는 악기가 무엇인지 정해야 합니다. 여러 악기의 특징을 파악하여 곡의 분위기에 맞는 악기를 선택해야 합니다. 또, 악기 음향의 톤과 음색, 감도, 볼륨 등을 조정하여 음악의 분위기와 느낌을 정할 수 있습니다.

생각정리하기

본격적인 작곡에 앞서 작곡할 음악의 성격과 분위기를 정해야 합니다. 다음은 작곡에 필요한 곡의 분위기와 템포, 느낌 등의 예시를 나타낸 단어들입니다.

분위기 (Mood)	– 어두운(Dark) : 슬픈(Sad), 우울한(Downcast), 불안한(Anxious) – 밝은(Bright) : 즐거운(Happy), 경쾌한(Lighthearted), 낙천적인(Optimistic) – 고요한(Calm) : 차분한(Calm), 조용한(Quiet), 집중력있는(Focused)
템포 (Tempo)	– 빠른(Fast) : Presto, Allegro, Vivace – 보통(Tempo) : Moderato, Andante – 느린(Slow) : Adagio, Lento, Grave
느낌 (Feeling)	로맨틱한(Romantic), 열정적인(Passionate), 감성적인(Emotional), 멜로디어스한(Melodious), 감미로운(Melancholic), 멜로디어스한(Melodic), 신나는(Exciting), 파워풀한(Powerful), 역동적인(Dynamic), 흥겨운(Upbeat)
리듬 (Rhythm)	– 바닐라 리듬: 4/4 리듬으로, 매우 일반적인 리듬입니다. – 힙합 리듬: 힙합 음악에서 사용되는 리듬으로, 4/4 리듬이지만, 강조 부분과 쉬는 부분의 패턴이 다양합니다. – 레게 리듬: 레게 음악에서 사용되는 리듬으로, 4/4 리듬입니다. – 볼루미니아 리듬: 아프리카 음악에서 사용되는 리듬으로, 6/8 리듬입니다. – 탱고 리듬: 탱고 음악에서 사용되는 리듬으로, 2/4 리듬입니다. – 스윙 리듬: 재즈 음악에서 사용되는 리듬으로, 4/4 리듬입니다. 스윙 리듬은 8분음표를 이용한 특별한 리듬 패턴입니다.
멜로디 (Melody)	– 다장조: 서양 음악에서 가장 많이 사용되는 음계로, 밝고 활기차며 긍정적인 느낌을 줍니다. – 믹솔리디언: 블루스나 재즈 음악에서 많이 사용되는 음계로, 블루스의 감성을 더해주는 멜로디를 작곡하는 데에 유용합니다. – 페달톤: 클래식 음악에서 사용되는 멜로디로, 특정한 음을 중심으로 상하로 변화하며 듣는 이로 하여금 약간의 긴장감을 느끼게 합니다. – 아르페지오: 멜로디를 약간 변형시킨 것으로, 음계의 각 음을 빠르게 연주하여 전체적으로 부드러운 분위기를 연출합니다.

실습해보기 _ 예제 1

음악 작곡에 필요한 다양한 용어들을 활용하여 Riffusion 사이트에 적용하면 원하는 분위기와 느낌의 음악을 바로 생성할 수 있습니다. 우선, 위의 제시된 용어들을 참고하여 내가 원하는 곡의 장르와 분위기, 템포, 멜로디, 느낌 등을 적고 어떤 음악이 생성되는지 실습해봅시다.

따라하기

1 https://www.riffusion.com/사이트에 접속합니다.

Riffusion 사이트는 별도의 로그인이나 회원가입 절차 없이 누구나 사용할 수 있습니다.

2 사이트에 기본적으로 창작되어 있는 음악 프롬프트를 클릭한 뒤, ▶버튼을 눌러 재생합니다.

3 이번엔 화면 아래의 텍스트 입력 창에 원하는 곡의 정보를 모두 입력합니다.	What do you want to hear next? ❝ 영어로 입력합니다. 예) Classic genre, bright atmosphere, romantic feel, major key, moderate tempo
4 ▶버튼을 눌러 음악을 재생시킵니다. 상상한 음악이 창작되었는지 확인합니다.	

5 버튼을 눌러 곡의 설정을 변경할 수 있습니다. seed image를 클릭하여 속성을 변경하면 곡의 분위기와 느낌, 멜로디 패턴이 바뀝니다. 또, Denoising 버튼을 클릭하여 곡의 noise를 제어할 수 있는데, 노이즈 제거가 높을수록 출력이 더 창의적이고 비트에서 벗어날 가능성이 커집니다.

> ❝ 프롬프트를 요청하면 스펙트로그램 이미지로 변환되고 이는 다시 오디오 스펙트로그램으로 변환되는 원리이므로, 이미지 시드를 변경하면 음악의 효과가 바뀌게 됩니다.

6 버튼을 누르면 음악을 다운로드 받거나 공유할 수 있습니다.

7 점 세 개를 클릭하면 MP3 파일로 다운로드 할 수 있습니다.

실습해보기 _ 예제 2

이번에는 미술 작품을 감상할 때 듣는 음악을 만들어봅시다. 전시장에서 명화를 감상하고 있는 모습을 떠올려봅니다. 작품 설명과 함께 시각적으로만 보고 느끼며 감상하는 것보다 작품에 어울리는 음악이 함께 재생된다면 더욱 풍부하고 깊은 감상이 가능할 것입니다. 명화에 대한 이해를 ChatGPT를 통해 얻고, 관련 정보를 Riffusion 프로그램에 입력하여 작품에 어울리는 멋진 음악을 창작해봅시다.

 레오나르도 다빈치의 최후의 만찬 그림 설명과 분위기, 어떤 이미지인지 단어로 상세하게 표현해줘

 레오나르도 다빈치의 '최후의 만찬'은 예수와 제자들이 함께하는 마지막 만찬의 장면을 그린 작품입니다. 이 작품은 밀라노의 산타 마리아 델레 그라치에 대성당 벽면에 그려졌습니다.

이 그림은 예수가 제자들에게 자신이 배신당하고 곧 죽을 것임을 밝히는 순간을 그렸습니다. 예수는 오른손으로 잔을 들고 왼손으로 떡을 가리키며 제자 중 한 사람이 자신을 배신할 것임을 알리는 순간을 포착했습니다. 이 때문에 이 그림은 예수의 괴로움과 슬픔을 잘 나타내고 있습니다.

그림의 분위기는 답답하고 긴장감이 높으며, 예수와 제자들의 감정이 긴박하게 전해집니다. 그리고 그림의 공간은 시각적으로 깊이가 있어 예수와 제자들이 앉아 있는 방 안의 분위기를 현실적으로 재현합니다.

'최후의 만찬'은 레오나르도 다빈치의 대표작 중 하나로, 예수의 인생을 그린 작품 중에서 가장 중요한 순간을 담고 있습니다. 이 그림은 그가 대표적으로 사용한 측면성, 광과 그림자, 움직임의 섬세한 표현 등을 통해 레오나르도 다빈치의 예술적 역량을 잘 보여주는 작품입니다.

ChatGPT를 통해 얻은 정보 중, 음악을 작곡하는 데 필요한 정보만 추출하여 번역을 요청합니다. Riffusion 프롬프트 창에 입력할 수 있는 글자 수에 제한이 있으므로, 원하는 부분의 설명글 중 대표적인 단어를 뽑아 번역을 요청합니다.

 이 글에서 핵심 단어들을 7개 뽑고 영어로 번역해서 단어만 나열해줘

 Last Supper, Betrayal, Atmosphere, Tension, Depth, Sorrow, Artistic skill

번역된 결과를 Riffusion 프로그램 프롬프트 창에 그대로 복사-붙여넣기 하여 입력합니다.

텍스트를 붙여넣기 한 후, enter키를 누릅니다. 위의 'UP NEXT'에 적힌 텍스트를 클릭한 후 우측 상단의 플레이 버튼을 누르면 음악이 재생됩니다. 레오나르도 다빈치의 '최후의 만찬'이 떠오르는 음악이 생성되었습니다.

확장하기

ChatGPT를 통해 다양한 미술 명화 작품에 대한 정보를 얻고 이를 바탕으로 Riffusion을 통해 명화를 음악으로 작곡해 봅시다. 이렇게 얻은 음악들을 다운로드하여 MP3파일로 연속 재생하며 미술관 카페에서 들을 수 있는 배경 음악 리스트로 만들어 봅시다.

10 PART

프로젝트 만들기

AI 뮤직비디오 만들기 프로젝트

AI 뮤직비디오 만들기 프로젝트

레벨 ★★★★★

| 실습 목표 | • 작품 활동의 기본 과정을 익힐 수 있다.
• 앞서 배운 이미지, 음악, 영상 생성 AI 툴의 기본적인 사용 방법을 알고 각 기능을 융합, 활용하여 뮤직비디오를 만들 수 있다.
• ChatGPT와 생성 AI 사이트들에 대한 이해를 바탕으로 실제적인 융합 창작물을 완성할 수 있다. |

완성 프로그램 QR코드
https://url.kr/af2vq3

1단계 : 생각열기

1. 시작하며

주제란 무엇일까요? 사전적 의미의 주제는 '예술적 작품에서 지은이가 나타내고자 하는 사상'입니다. 책을 읽거나 영화를 볼 때 우리는 그 작품의 주제는 무엇인지, 작가가 혹은 감독이 말하고자 하는 내용은 무엇인지 등에 관해 이야기합니다. 어려서부터 전래동화책을 읽고난 후 '이 책에서 얻는 교훈이 무엇일까?' 에 대한 연습부터 수능의 언어 과목에서 비문학, 문학 지문을 읽고 '이 글의 주된 내용은 무엇인가?' 혹은 '이 글에 대한 이해로 적절하지 않은 것은 무엇인가?' 등의 글의 맥락을 파악하고 주제를 이끌어낼 줄 아는 연습을 수없이 많이 해왔습니다. 주제를 아는 것은 그만큼 작품을 이해하는데 핵심적인 요소이며, 작가(감독)의 사상과 세계관을 파악하는데 중요한 역할을 합니다.

이렇듯, 우리가 작가로서 작품을 만들기 위해 가장 먼저 해야할 일이 바로 '주제 정하기'입니다. 이번 장에서 우리는 앞서 배운 많은 툴을 사용하여 나만의 뮤직비디오 작품을 만드는 활동을 실습합니다. 뮤직비디오를 만드는 데 필요한 시나리오와 스토리보드를 작성하기 위해서는 어떤 주제를 담은 스토리로 제작할지 정해야 합니다. 이후, 장면별 스토리와 이미지, 자막(가사), 음악을 모두 활용하여 하나의 완성된 뮤직비디오 작품을 만들 수 있습니다.

2. 스토리 주제 정하기

오늘의 스토리는 영화 '타이타닉'으로 정하고, 스토리를 AI 음악과 AI 이미지를 담아 새로운 AI 뮤직비디오로 제작해봅시다.

먼저, 앞서 배운 ChatGPT를 활용하여 '타이타닉'의 한 줄 주제를 요청합니다.

please summarize the topic of Titanic in one sentence
'타이타닉' 영화 주제를 한 줄로 요약해서 알려줘

1997년 제임스 캐머런 감독의 '타이타닉' 영화는 비평가들과 관객들에게 사랑과 비극의 이야기를 전하는 대표적인 로맨스 영화 중 하나로, 침몰 당시의 선내 일어난 사건을 배경으로 한 사랑 이야기를 담고 있다.

ChatGPT는 영어를 기반으로 한 데이터 학습량이 많기 때문에 한글로 질문했을 때 정확하지 않은 답변을 생성하는 경우가 있습니다. 여러 번 시도 후에도 답변 생성 과정에서 한글로 요청한 결과가 정확하지 않을 경우, 영어로 질문하고 번역하는 과정을 거치면 좀 더 정확한 결과를 얻을 수 있습니다.

다음은 '타이타닉'의 줄거리 요약을 요청합니다.

 영화 '타이타닉'의 줄거리를 요약해줘.
'타이타닉' 영화 주제를 한 줄로 요약해서 알려줘

 '타이타닉' 영화는 타이타닉호의 첫 항해를 무사히 마치지 못하고 침몰하는 과정에서, 상류층 여성 로즈와 하층민 남성 잭의 사랑 이야기를 중심으로 전개됩니다. 이들은 사랑을 발견하고, 타이타닉호의 파도를 이겨내며 서로를 지키기 위해 투쟁하며, 최종적으로는 잭이 희생되어 로즈가 살아남는 결말을 맞이합니다. 이와 함께 타이타닉호 침몰 사건에 대한 역사적 배경과 인물들의 이야기도 함께 담겨있습니다.

스토리의 주제와 내용 정리가 완료되었습니다. 위 내용을 바탕으로 뮤직비디오를 만들기 위해서는 내용 전개에 필요한 스토리보드와 장면별 이미지, 가사, 음악이 필요합니다. 각 요소별 필요한 도구가 무엇인지 정하고 앞서 배운 기능들을 활용하여 제작에 들어갑니다.

3. 사용 툴 정하기

❶ **스토리 확장하기** : '타이타닉' 뮤직비디오의 장면별 스토리 라인을 확장하기 위한 툴로 ChatGPT를 사용합니다. 그리고 '타이타닉'의 스토리를 바탕으로 한 노래 가사를 작사하기 위해 ChatGPT의 기능을 활용합니다.

❷ **장면 만들기** : 스토리보드의 장면을 구성하기 위한 AI 이미지를 미드저니와 플레이그라운드, Microsoft Designer를 통해 생성합니다.

❸ **음악 만들기** : 뮤직비디오의 배경이 되는 음악을 AI로 생성하기 위하여 Voicemod 툴을 사용합니다.

❹ **영상 만들기** : 스토리를 바탕으로 생성된 이미지와, 음악, 가사 등을 합쳐 영상으로 만들기 위해 Runway 툴을 사용합니다.

2단계 : 준비하기

1. 배경, 인물, 상황 설정하기

1) 배경 : 북대서양의 차가운 겨울 바다, 어두운 밤, 고요하지만 웅장하다.

2) 인물 : 여주인공 로즈, 남자주인공 잭

3) 상황 : 로즈와 잭이 만나 사랑을 시작하며 행복한 시간을 보내다가 갑작스런 빙산과의 충돌로 배가 침몰하는 위험에 빠지고, 결국 둘의 사랑이 이루어지지 않고 비극적으로 끝나는 결말

2. 콘티 작성하기

이제, 뮤직비디오의 장면을 구성하기 위한 줄거리를 8컷으로 나누어 ChatGPT에 상세한 스토리보드 내용을 요청합니다.

이 영화의 내용으로 뮤직비디오를 만들기 위해 스토리보드를 만들거야. 영화 줄거리를 8개 씬으로 나누어 설명해줘.

씬 1: 로즈와 잭이 처음 만남
- 로즈가 배에 타고 올라오는데, 이때 잭과 로즈가 서로 마주치며 만납니다.

씬 2: 로즈와 잭이 함께 시간 보내는 장면
- 로즈와 잭이 함께 시간을 보내면서 서로에게 매료되는 모습을 보여줍니다.

씬 3: '아니 끝이 아니야' 장면
- 로즈가 새벽강에 뛰어들며, 잭이 이를 따라하며 '아니 끝이 아니야'라는 대사를 외치는 장면입니다.

씬 4: 'I'm king of the world!' 장면
- 잭이 타이타닉호의 선미에서 팔을 벌리며 'I'm king of the world!' 라는 대사를 외치는 장면입니다.

씬 5: 타이타닉호와 얼음산 충돌
- 타이타닉호와 얼음산이 충돌하는 장면을 보여줍니다.

씬 6: 타이타닉호 침몰
- 타이타닉호가 침몰하는 장면입니다. 많은 인물들이 패닉에 빠지며 구명보트에 타려고 몰려듭니다.

씬 7: 로즈가 잭을 떠올리며 노래 부르는 장면
- 로즈가 타이타닉호 침몰 후, 잭을 떠올리며 'My Heart Will Go On'을 부르는 장면입니다.

씬 8: 로즈가 잭의 이름을 외치며 보석을 바다에 던지는 장면
- 로즈가 잭의 이름을 외치며, 그와의 추억을 담고 있던 보석을 바다에 던지는 장면입니다.

3단계 : 디자인하기

1. 스토리보드 작성하고 장면 이미지 만들기

위에서 정한 8장면의 스토리와 배경, 상황을 참고하여 간략한 스토리보드를 작성해봅니다. 장면별 내용과 원하는 테마(느낌)를 ChatGPT에 요청하여 키워드로 요약하고 작성해봅시다. 이미지 생성 AI 사이트에서 활용이 가능하도록 Context와 Theme은 영어로 번역을 요청하여 작성합니다. 영어로 번역된 단어들은 이미지 생성 AI 사이트의 프롬프트로 활용하여 넣습니다.

cut	Video(Image)	Context	Theme
1		Scene 1: Rose and Jack's first meeting Rose boards the ship and meets Jack face to face for the first time.	Theme: Romance, Encounter Keywords: Sunlight, Sea, Amazing
2		Scene 2: Rose and Jack spending time together Rose and Jack spend time together and show how they are fascinated by each other.	Theme: Romance, Time Keywords: Moonlight, Night, Lovers
3		Scene 3: "It's not the end" scene Rose jumps into the ocean at dawn and Jack follows her, shouting "It's not the end."	Theme: Destiny, Separation Keywords: Night sky, Soaring, Emotions
4		Scene 4: "I'm king of the world!" scene Jack stands on the bow of the Titanic and stretches his arms out while shouting "I'm king of the world!"	Theme: Freedom, Achievement Keywords: Horizon, Admiration, Freedom

5		Scene 5: Collision with the iceberg The scene shows the Titanic colliding with an iceberg.	Theme: Crisis, Collision Keywords: Stalemate, Ice, Intersection
6		Scene 6: The sinking of the Titanic The scene shows the Titanic sinking, with many people panicking and rushing to get on lifeboats.	Theme: Tragedy, Disaster Keywords: Water, Collapse, Loss
7		Scene 7: Rose singing while thinking of Jack After the sinking of the Titanic, Rose thinks of Jack and sings "My Heart Will Go On."	Theme: Memory, Sadness Keywords: Emotion, Longing, Heart
8		Scene 8: Rose throwing the jewel into the ocean while calling Jack's name Rose calls out Jack's name and throws the jewel containing her memories of him into the ocean.	Theme: Conclusion, Farewell Keywords: Departure, Memory, Parting

위의 이미지들은 Microsoft Designer와 Playground AI 프로그램에서 스토리보드의 Context와 Theme, Keyword를 프롬프트로 사용하여 생성된 이미지입니다. 이외에도 미드저니와 같은 이미지 생성 AI 프로그램에서 이미지를 만들 경우에도 비슷한 형식의 이미지 설명 프롬프트가 필요합니다. 다음은 각 장면별 미드저니에 적용 가능한 프롬프트 예시와 생성된 이미지입니다.

[프롬프트 예시]

장면1. a woman boards the ship and meets one man face to face for the first time. Developing interest in each other. hyper realistic, 4K, a sunset view, --ar 3:2

장면2. 1940s, in the Titanic ship, a woman and a man spend time together and show how they are fascinated by each other. They fall in love. hyper realistic, 4k, perfect composition, cinematic, octane render, --ar 3:2

장면3. in the Titanic ship, 1940s, The pain of a lover who is poor, young, hansome, liberal artist feels the limitations of the social class and despair. darkness, crisis, difficulty, depression, hyper realistic, octane render, cinematic, perfect composition, 4k, --ar 3:2

장면4. in 1940s, in Pacific Ocean, The Titanic begins to sink gradually in an accident that hits an iceberg, causing confusion and panic. hyper realistic, octane render, cinematic, perfect composition, 4k, --ar 3:2

장면5. in 1940s, Man and woman escaping from sinking ship, escape, danger, obstacle, sinking ship, difficulty, hardship, adversity, fear, broken ship, hyper realistic, 4k, octane render, perfect composition, cinematic, --ar 3:2

장면6. 1940s, in the winter Pacific Ocean, floating in the sea, a young woman is rescued by a lifeboat, but a young man sacrifices himself and drowns in the cold water. hyper realistic, octane render, cinematic, perfect composition, death, fear, love, 4k, --ar 3:2

장면7. 1940s, a young woman who remembers her loved one and is happy, hopeful, hyper realistic, cinematic, dramatic, octane render, perfect composition, sad but love, memory, --ar 3:2

장면8. The back of an old lady standing facing the sea and trying to throw a blue necklace into the sea. hyper realistic, 8k, octane render, perfect composition, cinematic, 4k, --ar 3:2

| 장면 1 | 장면 2 | 장면 3 | 장면4 |
| 장면5 | 장면 6 | 장면7 | 장면 8 |

각각의 이미지 생성 AI 사이트에서 나오는 결과물들은 프롬프트나 툴 사용법 등에 의해 매 순간 다른 결과물이 출력됩니다. 따라서 적절한 단어의 프롬프트를 검색하여 넣거나, 설정 값을 조정하는 등의 여러 절차를 거쳐 원하는 이미지를 생성할 수 있습니다. 예를 들어, 시대적 배경이나 상황을 설정해주거나, '현실감 있게' 혹은 '애니메이션 느낌으로' 등의 프롬프트를 다양하게 넣어 구체화할 필요가 있습니다.

미드저니 사이트의 경우, 무료로 생성할 수 있는 이미지의 개수가 정해져 있으므로 이에 유의하여 작업해야 합니다.

2. 노래가사 만들기(작사하기) – ChatGPT

완성된 스토리와 키워드를 바탕으로 ChatGPT를 활용하여 노래 가사를 요청합니다.

 위의 스토리를 바탕으로 노래 가사를 만들거야. 1분 정도의 길이로 노래 가사를 작사해줘

 Verse 1:
On a ship of dreams, we set sail
A love story that will never fail
In the heart of the ocean blue
We found each other, me and you

Chorus:
Oh Titanic, we'll never forget
The love that we found, the lives that we left
We held each other until the very end
Our love will live on, my heart will mend

Verse 2:

The night was cold, the stars were bright

We danced and laughed into the night

But fate had other plans for us

As the ship began to shake and fuss

Chorus:

Oh Titanic, we'll never forget

The love that we found, the lives that we left

We held each other until the very end

Our love will live on, my heart will mend

Bridge:

As the ship began to sink

Our hearts were heavy, our minds a—wink

We knew that we may never see

Another day, another eternity

Chorus:

Oh Titanic, we'll never forget

The love that we found, the lives that we left

We held each other until the very end

Our love will live on, my heart will mend

Outro:

So here's to the love that we shared

On the ship of dreams, we dared

To hold each other tight

And never let go, through the night.

3. 음악 만들기(AI음악 작곡하기) – Voicemod

따라하기	화면
1 https://www.voicemod.net/ 사이트에 접속합니다. Voicemod 사이트에 회원가입 합니다. 구글 계정으로 로그인할 수 있습니다.	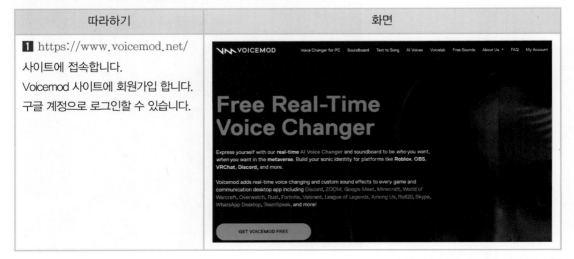

2 상단 메뉴의 [Text To Song]을 클릭하여 들어갑니다.	
3 [Generate Song Free] 버튼을 눌러 들어갑니다. 별도의 프로그램 설치 없이 사이트 내에서 바로 편집 가능합니다.	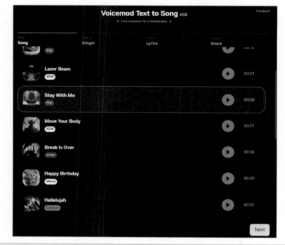
4 먼저, 기본 음악을 선택하는 단계입니다. 몇 가지의 AI 음악이 제시되어 있습니다. 여러 목소리로 재생되는 음악들 중 마음에 드는 Voice 음악을 선택하여 [Next] 버튼을 클릭한 후, 다음 화면으로 넘어갑니다.	
5 다음은 가수를 선택하는 단계입니다. 여러 목소리를 재생하여 들어본 후 원하는 목소리를 선택하고 [Next] 버튼을 눌러 다음 화면으로 넘어갑니다.	

6 이제 가사를 넣는 단계입니다. ChatGPT로 써낸 가사를 노래 길이에 맞게 잘라서 넣고, 노래의 제목을 작성한 후 [AI Create song] 버튼을 누릅니다. 이제, AI로 음악과 가사가 합쳐진 멋진 노래가 완성됩니다.	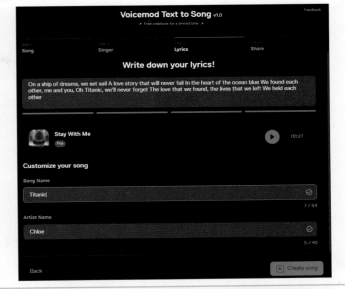
7 노래가 완성되었습니다. 오른쪽 [Download] 버튼을 눌러 노래를 다운 받고 이미지를 넣어 뮤직비디오를 완성합니다.	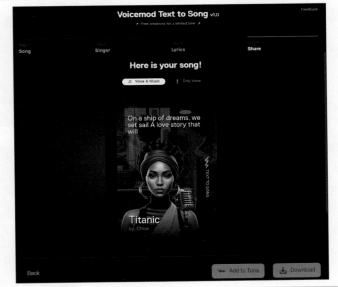

4. 영상 만들기(AI영상 제작하기) – Runway

따라하기	화면
1 https://runwayml.com/ 사이트에 접속합니다. Runway 사이트에 회원가입 합니다. 구글 계정으로 로그인할 수 있습니다.	

2 [+Create New Project]를 클릭하고, AI Green Screen으로 들어갑니다.	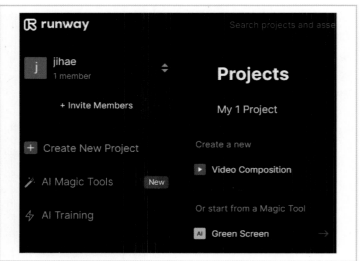
3 펙셀스(https://www.pexels.com/)에서 여성 카테고리에 있는 영상을 원하는 만큼 다운로드 받습니다. 다운받은 영상은 runway 사이트에 영상 에셋으로 추가합니다.	
4 Runway 사이트의 편집 화면으로 돌아옵니다. 사이트 좌측 메뉴의 [upload] 버튼을 클릭하여 생성한 8장면의 이미지와, 펙셀스 동영상, 작곡 완료된 AI음악까지 업로드 합니다.	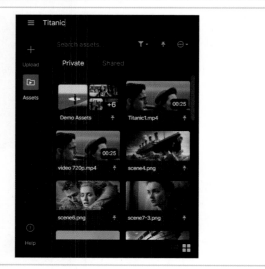

5 펙셀스에서 다운받은 영상의 여자 주인공만 남도록 편집하는 작업을 합니다.
편집 화면 우측에 [Ai magic Tools – Green Screen]을 선택합니다.
Green Screen 기능을 활용하여 여성만 mask 선택하고 우측 상단의 [Done masking]을 클릭합니다.

> ❝ [Done masking]을 누르기 전에, 장면 컷을 넘겨보면서 원하는 부분이 모두 green masking 선택되었는지 확인해야 합니다.

6 다시 편집 화면으로 돌아와서, 추가된 에셋들을 연결하는 작업을 합니다. 화면 아래의 레이어 편집창에 1번 장면부터 8번 장면까지의 이미지들을 연결하여 넣고, 마지막으로 오디오 파일도 추가합니다.

7 크로마키한(masking) 여성의 이미지 영상이 레이어 가장 위에 위치하도록 넣고, 오디오 파일을 추가한 후, 화면 사이즈와 노래 길이를 조정하며 맞춰갑니다.
재생 버튼을 눌러 영상을 확인합니다.

8 완성된 영상을 저장하기 위해서는 우측 상단의 [Export] 버튼을 누르고 Name을 변경한 후, Export Video 버튼을 눌러 에셋 창으로 보냅니다. Export가 완료되면 화면 좌측의 Assets 창에 목록이 표시됩니다.

Assets 창에서 저장된 파일을 클릭하면 화면 우측에 [Preview] 창이 나타납니다.

9 [Preview] 화면에서 우측 상단의 [Download] 버튼을 누르면 내 컴퓨터에 저장할 수 있습니다.

멋진 AI 뮤직비디오가 완성되었습니다.

4단계 : 확장하기

완성된 뮤직비디오에 가사 자막을 넣고 싶다면 Vrew 편집 툴을 활용할 수 있습니다. Vrew사이트 (https://vrew.voyagerx.com/ko/)에 접속하여 완성된 비디오 파일을 업로드하고 다양한 기능을 활용하여 추가적인 편집작업을 할 수 있습니다. 예를 들어 비디오를 자르고 추가적인 영상이나 이미지를 넣거나, 캡션이나 자막을 넣을 수도 있습니다. 또 색상 보정과 필터 적용이 가능하므로 다양한 느낌의 영상으로 재생산할 수 있습니다.

> ❝ Vrew 사이트에서 만든 작품을 컴퓨터에 다운로드 받기 위해서는 Vrew앱을 설치하여 작업해야 합니다. 기본적으로 사이트 내에서는 작업이 한정적으로 가능하고, 다운로드 기능이 제공되지 않습니다.